Voir de l'intérieur
est le cent cinquante-quatrième ouvrage
publié chez
Dramaturges Éditeurs
et le cinquième titre
de la collection *Didascalies*

Dramaturges Éditeurs
4401, rue Parthenais
Montréal (Québec) H2H 2G6
Téléphone : 514 527-7226
Télécopieur : 514 527-0174
Courriel : info@dramaturges.qc.ca
Site internet : www.dramaturges.qc.ca

Mise en pages et maquette de la couverture : Yvan Bienvenue
Correction des épreuves : Daniel Gauthier et Monique Forest
Photos de la couverture : © Suzanne O'Neil

Nous remercions le Conseil des Arts du Canada
de l'aide accordée à notre programme de publication.
Nous remercions aussi la Sodec.

Dépôt légal : premier trimestre 2012
Bibliothèque et Archives nationales du Québec
Bibliothèque nationale du Canada

Les auteures remercient le Service de la recherche et de la création
de l'Université du Québec à Montréal, volet subvention PAFARC.
Merci à Katy Boucher pour son assistance et son soutien.

ISBN 978-2-89637-053-5

Martine Beaulne et Sylvie Drapeau

VOIR DE L'INTÉRIEUR

Dramaturges Éditeurs

Avant-propos

Qui commence, qui donne suite ? Doit-on croire que l'une dirige et que l'autre exécute ? Que l'une conçoit et que l'autre incarne ? Ou bien n'est-il pas du tout question de qui commande et de qui obéit dans cette étonnante pièce à deux que nous allons lire, où les deux protagonistes sont à armes égales ?

Simplement, honnêtement, elles conversent, se questionnent, se répondent, se confrontent, se relancent. Elles se sont connues dans une salle de répétition. Ou plutôt, elles se sont reconnues. Elles sont âmes sœurs, depuis la Nuit des Temps. Ensemble elles ont cherché, trouvé, perdu, retrouvé une vérité brûlante, et qui souvent déguerpit quand on l'approche de trop près. De concert, elles se sont attelées à l'humble, à la violente, à l'amoureuse tâche de créer, pour l'une un spectacle, pour l'autre un personnage. C'est aussi simple, aussi complexe, aussi magique que ça. Dis-moi comment tu es, ce que tu ressens, ce que tu vois, ce qui t'échappe. Je te dirai ce que j'entends, ce qui jaillit de toi, que tu ne peux pas voir et que moi j'aperçois. Dis-moi ce que tu imagines, je te dirai à quelle machine je songe, à quel mystère je te convie.

Et le temps passe – on ne l'arrête pas aussi facilement qu'une séance de répétitions ! L'une dirige ailleurs, l'autre joue autre part. Et malgré cela, l'échange continue, la complicité se poursuit, hors du calendrier. Dis-moi ce qu'on exige de toi, je te dirai comment je tente de sortir de mes pièges à moi. Raconte, pour m'éclairer.

Rallume-moi, que je puisse continuer. Quel est-il, ce fameux enjeu capital, que je soupçonne sans jamais l'apercevoir complètement ? Pourquoi fait-on cela, jouer, mettre en scène ? Pourquoi, comment apparaît-on devant les autres, qu'on appelle le public, ces centaines de visages, de corps qui attendent de nous le meilleur, le plus beau, le plus fort, sans savoir ce que c'est, et même ce que ça doit être ? Lance-moi la réplique que mon personnage attend désespérément ! Parle-moi conception, théorie, que je sente enfin bouger l'inconnu au fond de moi. Et toi, fais-moi entendre les résonances de ton instrument tendu à se rompre ! Entends comme ta parole de servante éblouie fait vibrer le cœur que j'ai dans la tête !

Une pièce à deux, intimiste, généreuse. Une remise en question à deux voix. Une vraie conversation de théâtre, où l'une et l'autre, esquivant les trivialités de coulisses, vont directement au cœur du sujet : peut-on indiquer sans exiger, suggérer sans démontrer, incarner sans imiter, concevoir sans tout savoir ? Peut-on impunément révéler « ce qu'on voit de l'intérieur » ?

Robert Lalonde

VOIR DE L'INTÉRIEUR

C'est à bord d'un avion, entre Montréal et Vancouver, lors de la tournée d'*Avaler la mer et les poissons* en 2007, que l'idée de cette conversation a jailli. Assises côte à côte devant un repas infect, peut-être cherchions-nous à savourer autre chose...

Entre ciel et terre, nous avons commencé à partager nos impressions et nos réflexions sur le processus de création théâtrale.

À partir de nos positions distinctes – celle qui est regardée et celle qui regarde ; celle qui incarne et celle qui orchestre –, nous avons décelé certaines similitudes et noté des différences.

Puis, au retour de notre aventure hors Québec, notre correspondance s'est concrétisée. Nos visions et nos attentes artistiques se sont dévoilées durant quelques années malgré ou peut-être grâce à de multiples activités qui ont nuancé et approfondi nos échanges. Ces échanges, nous avons voulu les rendre publics dans l'espoir de susciter d'autres réflexions et de poursuivre un questionnement sur cet art théâtral qui nous passionne.

La rencontre n'est magique que dans l'abandon

SYLVIE — Ma chère Martine, j'ai l'impression d'avoir tout oublié, de n'avoir rien appris, de ne rien savoir. Que reste-t-il de toutes ces heures en salle de répétition ? De toutes ces heures sur scène ? Comment retracer l'intangible autrement qu'à travers un autre, à la fois témoin et acteur. Nous serons, si tu veux, cet autre, l'une pour l'autre. Je souhaite retrouver le fil invisible avec toi, le rendre visible à ma conscience, et peut-être à la tienne. Mettre des mots qui témoigneraient de notre pratique, avant d'entamer la suite de notre monde.

Aujourd'hui, je veux ne plus rien savoir ni du style ni de la méthode. Je veux être patiente. Je cherche la pureté de l'échange. À mes débuts dans le métier, je pensais que le metteur en scène savait tout. Je pensais que dès le départ, il connaissait la forme que le spectacle prendrait. Je pensais aussi qu'il fallait que je sois quelqu'un *d'arrêté* dans le travail, avec un style défini. J'avais l'impression que c'est ce que vous attendiez de nous, les acteurs. Il m'a fallu multiplier les actrices en moi, en changeant de metteur en scène. Une autre était nécessaire et puis encore une autre... Chaque personnage exige son approche et donc son actrice au cœur de l'actrice.

Chaque rencontre est unique, même lorsqu'il s'agit de retrouvailles.

MARTINE — Pour le metteur en scène, la première rencontre avec les acteurs est capitale. Elle concrétise ses aspirations, ses intuitions et ses analyses dramaturgiques envers l'œuvre à incarner. De plus, cette rencontre définit, inscrit, présente et propose à l'ensemble des artistes et artisans une composition physique et sonore, une humanité artistique singulière.
Ce rendez-vous peut s'avérer audacieux, car il vise à transmettre et à indiquer une esthétique, une tonalité, une intuition d'harmonisation qui orientent le travail. Ce moment suscite l'excitation, car il donne une organicité au projet. La création s'humanise, les corps apparaissent, les voix s'expriment et se teintent d'une analyse et d'émotions personnelles.

J'ai encore en mémoire la première lecture de *La locandiera* en 1993 si brillamment traduite par Marco Micone. À l'écoute des voix et des rythmes de chacun d'entre vous, j'ai su tout de suite que l'orchestration serait vivante et colorée : une musicalité composée de sonorités rondes, graves, saccadées, cristallines, feutrées et pétillantes. La partition prenait son envol.

En période de répétitions, j'essaie de mettre de côté, pour un temps, le fruit de mes réflexions et de me référer à mon instinct, en laissant jaillir les interprétations et en convoitant l'imprévisible. La patience, la disponibilité et l'ouverture permettront de découvrir l'univers de l'auteur à travers et avec les créateurs.

Le metteur en scène ne sait pas tout, enfin moi, en l'occurrence. J'ai une vision d'ensemble de l'œuvre et j'attends que l'acteur me révèle à moi-même, confronte mes visions et communique ses impressions sur l'intimité de son personnage.

L'acteur, pour le metteur en scène, demeure la matière charnelle, la matière première. Unique par sa personnalité et son style, il s'inscrit comme une anticipation du désir de création. Par son intelligence, sa sensibilité, son instinct, l'acteur donne corps, voix et âme au personnage. Chacun se distingue par son individualité, et l'établissement d'une distribution constitue le premier acte de conception.

S<small>YLVIE</small> — La rencontre n'est magique que dans l'abandon, la disponibilité et l'humilité des partenaires metteur en scène/comédien. Il ou elle regarde, voit; je sens, j'entends. Je ne peux que me prêter à son regard, et, comme une aveugle, me laisser guider. Quand la rencontre est à son meilleur, comme pour le tango, il arrive un moment où l'on ne sait plus qui guide et qui est guidé.

MARTINE — Pour moi, l'accord entre l'acteur et le metteur en scène doit reposer sur une conscience et une acceptation des points de vue différents sur l'œuvre, sans hiérarchie, dans une écoute et un échange mutuels. Oui, une danse et une musicalité qui trouveront leurs rythmes, leurs cadences, leurs pulsions, leurs souffles, leurs silences, leurs trajectoires et leurs territoires, au cœur d'un climat de confiance rehaussé par le plaisir du jeu.

Le metteur en scène regarde, voit, mais il entend aussi, il écoute, ressent, reçoit, propose, orchestre, anticipe.

L'acteur accomplit la plupart de ces actions, mais à des étapes différentes du processus de création.

J'ai remarqué qu'au début des répétitions, la préoccupation de l'acteur est centrée sur l'interprétation et l'incarnation de son personnage : sa respiration, sa démarche, son regard. Pour réaliser cette existence fictive, il doit laisser ses sens et son esprit s'imprégner de toutes les indications, analyses, perceptions et expérimentations suggérées par la mise en scène. Bien qu'il ait un point de vue d'ensemble sur l'œuvre, son attention est dirigée sur l'évolution et les spécificités de son personnage.

SYLVIE — Oui. D'abord, tout l'être se tend vers le personnage, vers les mots qui veulent s'incarner. Qui est ce moi qui parle comme ça ?

MARTINE — De mon côté, au début des répétitions, je tente de percevoir les impulsions et les intuitions de l'acteur, de déceler sa vision singulière du personnage pour que la communion des idées et des instincts puisse s'établir. Puis, peu à peu, je me distancie pour mieux recevoir ses propositions. J'essaie de cultiver une certaine objectivité pour bien saisir ses expressions, tout en ne perdant pas de vue ma vision spécifique et globale de l'œuvre.

Je me dois de trouver l'espace de sensibilité et de fragilité de l'artiste, le couloir par lequel j'éveillerai l'imaginaire du créateur et par lequel ma parole suscitera une résonance. Une résonance qui fera écho à un saisissement, à une reconnaissance. La porte d'entrée pour accéder à la créativité de l'acteur peut être différente pour chaque interprète. Certaines portes s'ouvrent grâce à la sensibilité et à la parole du corps, d'autres par la compréhension intellectuelle et la force du sens, d'autres encore par l'instinct. Si la collaboration et la confiance s'établissent entre l'acteur et moi, la proposition finale présentera le fruit de l'enrichissement des différentes analyses, interprétations, visions, intuitions et sensibilités.

SYLVIE — Presque toujours, je me trompe : la proposition que je fais à la première lecture n'est pas la bonne. Je dirais même qu'elle va souvent dans le sens contraire de ce que le metteur en scène a rêvé, de ce qu'il entend déjà. Est-ce que je me trompe vraiment ? Chose certaine, je dois voyager dans la direction que prend le metteur en scène. Plus je suis sincère, mieux il peut voir la route devant nous. Au bout du compte, presque toujours, et dans l'idéal, il y a collaboration entre nous. Donc, nécessairement, communion des idées. Mais les chemins pour y arriver sont multiples.

Une préparation rigide de la part d'un metteur en scène qui ne se laisse pas bousculer par l'énergie créatrice de l'acteur en présence est une prison. Notre travail est un acte de cocréation et j'ai besoin de liberté pour explorer l'inconnu. C'est par notre vie que cela passe, par la sensibilité et la fragilité dont tu parles. Je ne suis pas là pour obéir.

Souvent, il faut en mettre trop, dépasser les bornes, y aller sans retenue. Ça fait partie de la démarche, pas moyen d'y échapper. Ce sont d'immenses coups de pinceau dans le ciel. Comme un appel. Car dans le *trop*, il y a la générosité appelée à se raffiner. Le critique, le censeur, qu'il vienne de soi ou d'ailleurs, n'aime pas le chaos. Et il a toujours envie de brimer les pulsions qui constituent pourtant le moteur de la démarche. Parfois, au contraire, dès le départ, il faut y aller tout doucement, car la matière est dangereuse. La matière émotive. Plus le personnage est loin de moi, plus je me sens libre, et moins je suis en danger de me blesser, ou d'activer, de faire remonter à la surface de vieilles blessures personnelles. C'est alors plus facile d'être une artiste et d'avoir une relation ludique au métier.

Et toi, Martine, je sais que tu te laisses bousculer. Je sais que tu t'adaptes aux sensibilités.

MARTINE — J'essaie de m'adapter aux sensibilités, aux visions des interprètes, mais je ne pars pas nécessairement de leurs propositions. Le fait de travailler plusieurs mois avant le début des répétitions, avec les concepteurs, dessine déjà une lecture de la pièce.

Quand j'ai mis en scène le *Dom Juan* de Molière en 2000, j'ai voulu aborder cette œuvre et surtout le personnage de Dom Juan d'un point de vue psychanalytique. Sa relation aux femmes et celle qu'il établit avec le Commandeur me semblaient propices à cette interprétation. Lors des premières rencontres avec les acteurs, il m'a fallu convaincre l'équipe et les principaux interprètes de la pertinence de ce point de vue. Évidemment, j'ai senti un peu de résistance au début mais l'adhésion à ma proposition s'est manifestée durant le travail de mise en espace. La scénographie, la composition des tableaux et l'aspect musical inspiré de l'opéra de Mozart ont soutenu ma proposition et apaisé les appréhensions. Même si j'avais tous les arguments intellectuels pour défendre cette vision, il fallait artistiquement incarner et construire cet univers pour les persuader. Il fallait que les acteurs le vivent.

Je crois que le temps d'intériorisation et d'extériorisation de l'œuvre se vit de façon différente pour l'acteur et le metteur en scène. Les angoisses et les extases de création avant et durant les semaines de répétitions ne se manifestent pas de la même manière, ni au même moment.

Pour moi, la période d'intériorisation de l'œuvre se caractérise par des heures d'analyse, de recherche et de rencontres avec les concepteurs plusieurs mois avant les répétitions. Je dois intérioriser le sens énoncé à travers les différents personnages et la situation, en architecturer le territoire affectif et dramaturgique, afin que les conflits se transposent sur la scène. J'essaie de ressentir ce que les personnages vivent, de saisir le climat général de la pièce en questionnant l'espace, les accessoires, les costumes, la musique et l'éclairage, pour créer un univers fictif sensible et cohérent. Je me concentre sur ce que l'œuvre anime à l'intérieur de moi, dans mon corps, et j'essaie d'en situer les points d'ancrage affectif. Une suite d'associations émotives se révèle qui teintera ma vision de l'œuvre. C'est cette interprétation sensible et intellectuelle que je transmets aux concepteurs.

Le temps d'extériorisation se situe, pour moi, dès le début des répétitions, période durant laquelle je propose aux acteurs une mise en espace qui définira l'écriture scénique. L'échange avec les interprètes commence véritablement à cette étape-là. Ensemble, on donne vie à l'œuvre en incarnant les diverses interprétations et intuitions. La position des corps dans l'espace, la dynamique des déplacements, le souffle et le rythme du texte, les silences, la place de la musique et de la lumière : l'harmonisation de toutes ces interprétations aiguise mon regard et mon écoute. La justesse du jeu des acteurs permet la résonance du sens. Cela nuancera inévitablement les choix conceptuels que j'ai fixés avec mon équipe de créateurs. Tous mes sens sont alors sollicités. Ce va-et-vient entre l'intérieur et l'extérieur bat alors son plein.

SYLVIE — Pour moi, le corps est la maison, celle d'où jaillit le personnage. Je cultive son pouvoir. Le yoga Iyengar, méthode très précise, mettant l'accent sur l'alignement postural du corps, cette « méditation dans l'action », est pour moi un outil précieux qui développe la force et la souplesse, ancre la présence, cultive la concentration, dans une recherche d'équilibre et d'engagement face à soi-même. La présence du corps témoigne de l'esprit de l'auteur, du regard du metteur en scène. Le corps m'amène à plonger dans ce qui me dépasse. J'ai besoin de revenir au corps : le lieu de la profondeur, mon refuge, aussi, quand il y a trop de vacarme à l'extérieur. J'y cherche le silence pour quitter le paraître, tendre à l'être, au senti. Le corps m'aide aussi à canaliser mes émotions exacerbées. Il a le pouvoir de dénoncer sa propre inadéquation à celui qui regarde : le metteur en scène attentif.

Le metteur en scène voit, perçoit toutes les nuances de ce qui lui est proposé et peut choisir. On cherche *le vrai corps* : très subjectif... Quoi qu'il arrive, il m'est tellement plus facile de travailler avec un metteur en scène qui comprend et partage le langage du corps, ou alors, qui sait l'accueillir. Je suis là pour incarner l'esprit de l'auteur, mais pour ce faire, j'ai besoin du metteur en scène, et de sa capacité à reconnaître *le bon corps* lorsqu'il le voit passer.

Naturellement, ce qui se présente à moi, c'est un corps plus grand que dans la vie, avec une expansion, comme des jets de peinture, comme une danse. On doit souvent me contenir pour diverses raisons. Il faut harmoniser tous les corps en présence, ceux de tous les acteurs, et parfois, le style, l'esthétique d'ensemble du spectacle, ne permettent pas autant d'ampleur. Je peux rarement me laisser aller à ce que j'éprouve.

Lorsque j'ai joué *Dr Jekyll et M. Hyde,* j'ai éprouvé un immense plaisir à rencontrer un acteur qui était traversé par les mêmes courants physiques que moi, dans un niveau d'interprétation qui permettait beaucoup d'amplitude. J'avais d'ailleurs autant de plaisir à jouer avec lui que d'être assise en coulisse à le regarder fendre la lumière. Son corps traversait la lumière avec violence et précision, laissant derrière son passage des gouttes de sueur, éclatantes comme des diamants d'énergie pure. La rencontre dans le mouvement est plus évidente, donc. Mais d'autres rencontres sont possibles dans l'énergie de l'immobilité, laissant peut-être plus de place aux mouvements intérieurs. L'un n'empêche pas l'autre : il n'y a pas de recette. Et tout est à recommencer à chaque fois.

MARTINE — Le paraître et l'être, le corps et la mémoire, la séduction et la vérité : autant de paradoxes qui se nichent au cœur de l'artiste. Tout acte de communication exige une certaine part de séduction. Il faut capter l'auditoire, être intéressant, apporter un point de vue différent ou nuancé issu de nos expériences, de notre lien avec l'autre, avec le monde. La séduction se manifeste aussi chez le metteur en scène, car il doit convaincre son équipage d'entreprendre une mission risquée dont la finalité est inconnue. L'aventure est sous sa responsabilité.

Tu te souviens de la première lecture d'*Albertine, en cinq temps,* en 1995 ? Nous avions toutes encore en mémoire la mise en scène marquante d'André Brassard, présentée onze ans auparavant. Les voix des actrices d'alors résonnaient encore dans nos cœurs et dans nos têtes. Qu'est-ce qui vous a séduites comme actrices ? Vos personnages, évidemment. Et l'univers de l'auteur. Mais outre cela, est-ce la dimension tragique que j'ai voulu mettre en relief ? Le grand escalier conçu par Claude Goyette qui composait l'espace de jeu principal ? L'équipe réunie autour de vous ? Le travail vocal et corporel d'ensemble pour la composition d'une même Albertine à travers ses cinq décennies ? Le défi à relever ?
Sans doute tout cela. Car chacune d'entre vous a entrepris le travail en total abandon, en ouverture et en écoute.
Le *corps vrai* serait donc celui qui s'ouvre, peut-être, celui qui s'abandonne à l'altérité sans préjugés, en totale disponibilité.

Celui qui ressent une réelle communion avec une nouvelle réalité. La mémoire, en art, se loge dans les saisissements retracés, issus de l'enfance. Cette zone consciente et inconsciente est un riche territoire, où se modèle l'expression de notre créativité. Nous fouillons sans cesse dans cet antre de secrets, de perceptions heureuses et malheureuses.

Le paraître serait alors l'imitation d'une quelconque existence. L'acteur n'a pas plongé au cœur de sa singularité pour faire jaillir l'être. Pourrait-on dire que le paraître s'installe quand l'acteur refuse de s'abandonner au vertige, à la connaissance fondamentale de lui-même ? Une fois cette étape d'introspection consentie, la construction du personnage s'élabore, ciselée par une reconnaissance intérieure et des données extérieures. Il faut trouver le juste équilibre entre ce que l'on ressent et ce que le public reçoit, entre ce que l'on transpose et ce que l'on projette.

SYLVIE — Ce qui n'apparaît qu'en surface – qui n'est pas illuminé de l'intérieur –, ne provoque pas la même sensation chez le spectateur, je crois. Enfin, c'est ce que j'ai toujours pensé. Je n'en suis plus certaine. En France, les spectateurs m'ont semblé plus pudiques. Je tente de m'adapter, de contenir ce que provoque en moi le sens d'une œuvre.

Aussi, certains grands mouvements de l'âme, peut-être la mienne, sont trop confrontants et ils rebutent. Je ne sais même plus s'il s'agit de contenir. Peut-être est-il question d'humilité. Je ne sais comment réfléchir à tout cela, car lorsque je me retrouve sur scène, avec les mots de la tragédie, par exemple, je suis traversée par tellement d'émotions qu'il me faudrait prendre une pause entre les événements qui se succèdent dans la pièce, laisser s'échapper le flot émotif, les larmes, pour pouvoir continuer dans un jeu plus contenu, avec le détachement qu'on a lorsqu'un événement terrible est derrière nous.

Le paraître et l'être, oui: la séduction nécessaire... Il y a beaucoup de préjugés à ce propos. Et, comme acteur, on en vient parfois à se juger très sévèrement. Je sais qu'il s'agit de détachement. Très subjectif, tout cela, il me semble, lorsqu'on est du côté de celui qui joue. Car c'est ce dont on a l'air qui compte, c'est ce qu'on semble éprouver, vivre. Pas nécessairement ce que l'on éprouve, ce que l'on vit. Comme si le résultat final, le choix, ne nous appartenait pas, encore une fois. C'est pour ça qu'on doit se laisser guider. Nous ne savons pas toujours ce que produit chez l'autre notre état réel : tel état me donne l'air trop sombre, pour les besoins du moment, et je dois très vite changer d'attitude. Pas parce que l'état que j'éprouvais n'était pas juste, mais parce qu'il ne convenait pas au style, à la sensibilité, aux choix du metteur en scène. Il y a souvent un décalage entre ce que l'on sent et l'émotion à transmettre. C'est à ce moment qu'on doit s'éloigner de soi et entrer vraiment dans ce que demande le personnage. Ça peut sembler évident, mais…

MARTINE — Non, ce n'est pas évident. L'acteur peut ressentir une forte émotion, mais pour l'efficacité de la transmission, il doit la vivre en retenue. La retenue peut permettre au spectateur de compléter cette émotion, de s'insérer dans cet espace sensible, de s'identifier au personnage en écho à sa propre expérience émotive. Il a alors une écoute active, il participe. Cette communion, cette reconnaissance engendrent la compassion, la remémoration, la rencontre.

Toutefois, cette retenue est-elle toujours nécessaire ? Et n'est-elle pas que l'exposition d'une pensée ou d'une formation théâtrale nord-américaine ?

Je ne suis pas convaincue que la retenue soit toujours de mise, car l'esthétique et les visées du spectacle peuvent exiger un autre niveau de jeu. Le *trop* peut volontairement devenir un outil de provocation, de saisissement, comme des couleurs et des traits soulignés dans une peinture ou un *crescendo* dans une partition musicale.

Parfois le *trop* fait percevoir, par opposition, l'infime, l'intime. C'est la majuscule qui souligne une émotion surprenante, le caractère gras qui intensifie ce que l'on ne veut pas voir ou admettre. Le *trop* dessine l'expression de l'âme dans une trajectoire physique amplifiée, avec un souffle strident, dérangeant. C'est une projection expressionniste primale, primaire, sauvage. Cela choque parfois le public actuel, habitué à une écoute rassurante, qui se retrouve inconfortable devant l'expression des tréfonds de l'âme. La retenue et le *trop* exposent tour à tour cette fragilité affective de l'être humain. La difficulté réside dans le choix, autant pour l'acteur que pour le metteur en scène.

SYLVIE — Oui. C'est parfois très difficile à accomplir, cette retenue, aussi difficile qu'interrompre un coït. Mais ça peut effectivement être plus puissant vu de la salle. C'est très tentant d'y aller à fond. Peut-être est-ce plus sage de se retenir?... J'y suis souvent allée à fond.

Une fois, je me suis entièrement prêtée au jeu du minimalisme : le plaisir était pour moi réduit. Et mes proches me disaient muselée. D'autres personnes du métier remarquaient mon travail pour la première fois... C'est beaucoup une affaire de goût, d'esthétique, de culture, mais aussi de mode.
Chaque metteur en scène, et si on élargit, chaque direction artistique, a ses goûts, ses sensibilités, ses pudeurs et ses extravagances. Comme acteurs, nous devons nous adapter à ces choix, à ces goûts, à ces valeurs.
J'aime bien voyager et je choisis de m'adapter, le plus souvent. À mon goût, certains excès sont parfois nécessaires pour témoigner des tempêtes humaines. Quand j'ai joué *Vassa*, le metteur en scène me demandait de gifler mes enfants. Je le faisais avec violence, dans un geste d'amour, dans l'espoir de les réveiller de leur engourdissement. C'était confrontant pour les spectateurs. Devant un public d'une autre culture, ça aurait passé différemment. Mais en ce qui me concerne, je n'étais pas dans la culture : j'étais dans l'énergie du « *tough love* », dans l'expression du sentiment. Tu sais, moi, je me sens vraiment une créatrice, et s'il faut que

mon tableau représente un visage avec un nez derrière la tête, je suis bien. Je me sens à l'aise dans un tel tableau, à ma place. Je giflais donc avec beaucoup d'amour et de violence. Et selon les acteurs que je giflais, la technique changeait. Certains voulaient la vraie claque, d'autres la fausse, (tu sais, avec notre autre main qui reçoit le coup...) et ma foi, c'est celle-là, la fausse, qui faisait le plus réagir la salle. En 2010, quand je jouais Blanche dans *Un tramway nommé désir*, on avait accès aux fantasmes du personnage, à sa peur des hommes, par des bulles chorégraphiées. J'aime quitter le réalisme, donner accès au non-dit, à l'inconscient. Dans *Marie Stuart*, deux ans auparavant, le metteur en scène me dit, lors d'une répétition : « Là, elle va danser avec tous les hommes de sa vie. » J'ai été saisie d'une telle émotion de reconnaissance. Cette transposition, cette liberté que le metteur en scène a face au texte, me transportent de joie. Sa liberté me met face à la mienne. *Vassa*, *Marie Stuart* et *Un tramway nommé désir* étaient dirigés par Alexandre Marine.

La retenue plaît à un certain type de public, les grands mouvements de l'âme, ouvertement exprimés, à d'autres. Je voyage. Je n'aimerais pas m'arrêter de voyager et devoir choisir un type de théâtre. La sensibilité d'un seul metteur en scène, d'un seul type de vision : non, je suis trop gourmande.

Et puis, il y a les partenaires qui ont eux-mêmes leur façon d'aborder le jeu. Ils sont aussi importants pour moi que le metteur en scène. Leur influence est immense. Ils nous transforment et contribuent à la création de notre personnage. On ne saura jamais ce que le personnage aurait été si l'autre avait été un autre. Avec tel acteur, je laisse libre cours à mes impulsions physiques, avec tel autre, c'est l'intériorité qui fait la loi, avec tel autre encore, la fantaisie prédomine. Ensuite, quand je les retrouve, on va un peu plus loin dans ce qui caractérise notre rencontre, et c'est encore plus jouissif, parce que l'un comme l'autre, on est enrichi par l'expérience de la vie. Nous sommes une rencontre d'énergies, d'enfances, de blessures, de désirs. Passé la barrière de nos égos, lorsque c'est possible, le sens de la rencontre est toujours profond, et c'est une occasion de grandir, de dépasser quelque chose.

Le choix de la distribution est passionnant, et souvent, son sens ne nous est révélé qu'après la dernière représentation. Le manque qu'on éprouve parfois est à l'échelle de la perfection de cette distribution, de la composition des éléments, comme les couleurs d'un tableau, les membres d'une famille. Le sevrage sera alors humainement très difficile, voire douloureux, au sortir d'une distribution très harmonieuse. Il y a peut-être un décalage entre la famille humaine et la famille du spectacle.

Cela aussi passera. Il faudra prendre place dans une autre famille, qui aura toujours des similitudes avec notre famille d'origine. Ainsi, on voit passer nos parents, plus ou moins consciemment. On les salue intérieurement. On tente d'être meilleur que dans la vraie vie, d'être plus grand. On cherche à transcender, ou en tout cas, à réparer, à accepter, ce qu'on n'a pas réussi à accepter dans la *vraie* vie.

Dans cette démarche, nous sommes complices, entre acteurs, puis, entre acteurs et metteur en scène. Ultimement, nous le sommes aussi avec les spectateurs, qui font, au même moment, la même plongée à l'intérieur d'eux-mêmes.

MARTINE — Les familles éphémères sont peut-être le gage d'une bonne entente, d'un partage d'humanité, d'une solidarité de création, car on dévoile souvent le meilleur de nous-mêmes au début d'une relation. Il faut cultiver le désir comme élément moteur d'une ouverture, d'une possible rencontre.

De plus, l'œuvre oriente aussi la composition des membres de la famille. On peut les regrouper en familles de corps, de voix, d'esprits, de formations théâtrales, d'idéologies multiples, des familles d'instinct et de sensibilité. Toutefois, la composition d'une famille artistique s'organise souvent autour de fondements et de valeurs plus profondes.

Transcender, réparer, idéaliser sont des obsessions présentes chez l'artiste. Transcender pour survivre, réparer pour pouvoir pardonner, idéaliser pour entrevoir une générosité de l'humain, un monde harmonieux, pacifique, qui repose sur la dignité. L'art côtoie la beauté et la laideur, la vie et la mort. Il engendre l'utopie et le sentiment de défaite. C'est un poste d'observation privilégié du monde, qui remet en question les valeurs et les discours établis.

L'arbre des tropiques et *Les cinq nô modernes* de Yukio Mishima, présentés à Montréal en 1990 et 1991, furent des spectacles qui, en quelque sorte, ont offert à l'époque une ouverture sur une autre culture et une autre philosophie de pensée au public québécois. Les acteurs et les actrices qui ont participé à ces productions ont suivi quotidiennement un entraînement physique combinant des marches du théâtre nô et des exercices provenant du butô. Ils et elles ont certainement, du moins je l'espère, entrevu une autre façon d'exprimer une théâtralité et d'incarner un personnage. Le temps, la mort, l'individualité, notre rapport au monde, l'humain et son environnement sont perçus différemment en Orient et en Occident. Chaque œuvre du répertoire international nous permet donc d'observer notre réalité sous un angle nouveau. L'intérêt est d'aller à la rencontre de l'intimité du personnage à travers les codes culturels, sociaux et spirituels de l'autre.

Sylvie — Oui. Et c'est pourquoi lorsqu'on joue, il peut s'avérer très difficile de faire la distinction entre fiction et réalité. J'aime beaucoup comment tu nommes l'intimité du personnage. Les acteurs révèlent au metteur en scène l'intimité tangible du personnage, qui n'est pas si facile à dissocier de leur propre intimité. Comme interprète, il faut parfois faire de la haute voltige pour ne pas tomber dans le piège qui consiste à se prendre non pas pour le personnage, mais pour quelqu'un vivant les mêmes désirs, les mêmes détresses que le personnage.

MARTINE — Le metteur en scène passe par les mêmes méandres de confusion que l'acteur. Il la ressent, cette confusion, à travers l'expression de plusieurs personnages, comme si son identité se trouvait fragmentée, interpellée par plusieurs voix ou identifications intérieures.

Ce morcellement de l'identité, je l'ai ressenti fortement quand, en 1993, j'ai mis en scène *La jeune fille et la mort* d'Ariel Dorfman. Je scrutais les pulsions intérieures, à la fois de la victime de viol, du bourreau et du mari tiraillé entre sa position politique et l'acte de vengeance de sa femme. Je devais donner raison à chacun des personnages, même si, affectivement, la tragédie de la victime provoquait en moi de la compassion, de la révolte et que je partageais sa volonté de réparation par une vengeance. Rester objective fut un dur combat intérieur qui a toutefois permis de trouver l'univers scénique et de laisser au public son jugement.

L'étape de la composition d'une œuvre apparaît obsédante tant que la recherche d'un code et de conventions qui inscriront l'écriture scénique n'a pas abouti. Cette période se caractérise par des allers-retours constants entre les perceptions extérieures et une résonance intérieure. Le fictif et le réel se confondent parfois à cette étape de la création. Le fictif devient alors plus réel que la réalité. Ma concentration, totalement orientée vers l'incarnation d'une œuvre, met en suspension les réalités quotidiennes. Tant que les codes esthétiques et spatiaux demeurent obscurs et désincarnés, j'ai l'impression de voguer sur la mer de l'imaginaire sans m'ancrer nulle part. Une sorte de vertige exaltant et angoissant.

Surtout, croire : se croire

SYLVIE — T'est-il arrivé, en cours de création, de te perdre et de ne pouvoir retrouver ton chemin, de ne jamais pouvoir t'ancrer ?

MARTINE — Non, pas vraiment. Mais j'ai constaté que la possibilité de se perdre se révèle au moment des choix. On doit tenter de voir si la direction qu'on choisit est la plus juste, la plus pertinente, la plus évocatrice. Je ne crois pas m'être perdue, mais ai-je toujours pris le bon chemin? Je parlerais plutôt d'instants de confusion durant lesquels je n'ai plus de prise sur l'œuvre. À certains moments, mes émotions personnelles envahissent ma vision et m'éloignent d'une distance critique : je deviens aveugle et sourde, n'écoutant que l'anxiété qui émerge de moi. Je néglige le sens qui naît des mots. À d'autres moments, le point de vue intellectuel prenant le dessus sur ma sensibilité, mes idées demeurent théoriques et ne trouvent par leur incarnation.

Il y a aussi des moments où des maladresses d'écriture et des erreurs de traduction me détournent du sens. Je pressens que des corrections et des coupures doivent être faites et je ne m'en donne pas toujours la permission. Pourtant, une fois toutes ces avenues identifiées, je retombe sur mes pattes, je me réajuste et je continue. En création, ces instants de chaos sont terrifiants, mais nécessaires pour s'éloigner des acquis et plonger vers l'inconnu. Au fil des ans, j'ai compris que la meilleure attitude pour contrer cet éparpillement était de me retrouver seule, quelques heures avant l'arrivée des acteurs, devant l'espace de répétition, ou assise dans la salle de représentation pour visualiser certaines solutions. Moments de méditation essentiels pour me réapproprier une œuvre.

Toutefois, comme comédienne, j'ai vécu des moments où je n'arrivais pas à m'ancrer, parce que le metteur en scène n'avait pas de vision, ou que la mise en espace n'était pas cohérente. Quel sentiment épouvantable ! On a l'impression, soir après soir, d'embarquer sur un bateau qui s'en va à la dérive et de ne pouvoir rien y faire. On s'enfonce, on surnage, on survit. Les ancrages intérieurs et extérieurs étant absents, on fait équipe seul : le capitaine a abandonné son équipage.

Si l'on considère ces instants de confusion inhérents à tout acte de création, les questions qu'on pourrait se poser seraient : Comment rester lucide quand on est envahi par des émotions complexes ? Doit-on rester lucide quand les émotions du personnage ou celles issues d'une œuvre sont si puissantes ? Quelle est la part d'équilibre qu'il faut conserver ? Le déséquilibre et le doute ne sont-ils pas des états qui font surgir l'essence de notre expression ?

SYLVIE — Pour un acteur, tenter de s'adapter à une mise en place trop rigide, qui n'arrive pas à se connecter au mouvement intérieur, est une grande souffrance. Souffrance qui se perpétue lorsque le metteur en scène persiste, malgré le malaise évident de l'acteur, à exiger ce qu'il avait d'abord inventé comme mise en espace. Même si ce type d'acharnement est très rare, il ralentit beaucoup le flot créatif. Vient peut-être alors le moment de désobéir pour sauver le spectacle et recommencer à respirer.

Je ne sais pas si j'ai vraiment désobéi, mais une fois, lorsque je me suis sentie abandonnée, pas dirigée, je suis repartie à zéro. Le degré zéro du jeu. Et intérieurement, j'ai demandé au public de me guider, au fil des représentations. Ils m'ont dirigée vers le cœur du personnage. La rencontre a eu lieu. Malgré tout. Je ne sais pas si j'ai les outils pour désobéir. Il faut être soi-même un peu metteur en scène pour bien désobéir.

Je ne vois pas : j'entends.

MARTINE — J'aime bien cette notion de désobéissance. Désobéir pour trouver sa particularité, désobéir pour travailler d'égal à égal, désobéir pour s'approprier une œuvre, un rôle, et expérimenter des avenues insoupçonnées. Désobéir pour créer une révolution, un changement, sortir de ses acquis.

Désobéir pour se laisser surprendre par une nouvelle expression. Désobéir pour être dans l'instant présent sans anticipation. Désobéir pour renaître.

Il faut obéir à ses instincts, avoir le courage de nommer le désarroi, l'incohérence, le factice. La seule obéissance se situe envers soi-même, en tout respect des êtres qui nous entourent.

SYLVIE — Il peut être assez périlleux de rester lucide lorsqu'on joue des sentiments très puissants. L'énergie qu'il faut alors déployer pour atteindre la vérité du personnage semble actionner les mêmes leviers émotifs, psychiques, que ceux commandés par la vie : des mécanismes bien réels, comme ceux du deuil ou les conditions du sentiment amoureux. La confusion est fréquente. C'est tout le corps qui en témoigne, par des tensions, par des blessures, ou par le désir très fort de devoir quitter, de devoir partir d'une façon ou d'une autre.

Le contraire est évidemment possible : désirer prolonger un état agréable, au-delà des représentations. Comme si le corps ne faisait pas la distinction entre le jeu et la vie. On peut tomber amoureuse d'un partenaire, être troublée par la rencontre sur scène et vouloir vivre avec lui la suite de la pièce, dans la vie. C'est un drôle de métier, quand même. On se retrouve enlacés – dans des états pas possibles : le cœur ouvert, le corps abandonné, en réelle relation – et puis le rideau tombe et on se dit : « À demain ! » ou : « À la prochaine ! ». Oh ! je sais, on dit : c'est de la fiction, du jeu. Oui, mais...

Le corps, le cœur, l'esprit, l'être...

Il m'arrive de m'inquiéter de l'état de mon instrument, même si avec le temps, le détachement se fait de plus en plus rapidement. Des traces sont là et font peut-être parties du métier, tout simplement. Évidemment, la blessure n'est pas nécessaire, mais cela nous traverse, traverse notre instrument, même si on est bien préparé. Il y a un mystère, pour moi, dans la capacité qu'on a de jouer. Certains épuisements en témoignent, certains états de grâce, aussi. Un équilibre est peut-être possible dans les choix qu'on fait : une alternance entre le léger et le grave, le douloureux et le ludique, le très charnel et le plus spirituel. Je ne sais pas. En tout cas, la position de l'acteur me semble fragile.

MARTINE — Qu'est-ce que jouer? Peut-être prendre plaisir à faire semblant, à s'abandonner à un jeu qui renouvelle ses règles et ses participants, ses lieux, sa durée. Et, sans doute, ouvrir ses sens à l'imprévu, se laisser surprendre par l'émotion physique et l'état psychique que ce jeu éveille. Quelle joie de pouvoir entrer dans la peau d'un personnage pour imaginer sa vie, ses origines géographiques, familiales, sociales et spirituelles. Quelle satisfaction de trouver sa respiration, sa démarche, ses gestes. Surtout, de croire: *se* croire, laisser jaillir ce dédoublement et le faire vivre avec le plus de justesse possible. Mais, évidemment, celui qui regarde et reçoit sera le miroir de notre travail. Il confirmera cette construction. Vivre par tous les pores de sa peau la vie d'une autre personne qui s'incarne à travers une situation extraordinaire, quel privilège!

Je me souviens d'un soir alors que nous répétions depuis plusieurs semaines un spectacle de marionnettes intitulé *Zoé perd son temps*. Ce soir-là, j'ai été témoin d'un moment inoubliable. Après des semaines de travail technique de manipulation, où nous cherchions la dynamique physique et émotive de chaque personnage et en particulier celle de Zoé, l'héroïne, celle-ci s'est mise à vivre de manière presque autonome, et le manipulateur s'est effacé derrière l'objet. Un transfert de l'âme, de souffle de vie, dû à une articulation précise, à son savoir-faire de tous les moyens d'expression de la marionnette. Un acte d'humilité de la part du manipulateur qui a projeté sa sensibilité dans un corps étranger, inerte, et qui lui a donné une existence. Les Japonais disent qu'il faut rendre la marionnette aussi expressive que l'acteur, et que l'acteur doit être aussi précis et fluide que la marionnette. Voilà un des défis que je me lance à chaque mise en scène.

Pour toi, Sylvie, cet abandon qui te caractérise lorsque tu incarnes un personnage, cette connaissance sensible et intellectuelle que tu offres et projettes, n'est-ce pas cela, jouer? Ce mariage d'humilité, de désir de rencontre et d'expressions affectives communes entre toi, un personnage et un public, n'est-ce pas cela, vivre en fiction un réel reconnu et reconstruit?

SYLVIE — Honnêtement, tu sais, je crois que je ne sais pas jouer. J'ai l'impression de vivre lorsque je monte sur scène. De vivre à plein, de vivre trop, de vivre en concentré, comme de l'huile essentielle de vie. Je ne sais rien sur le jeu, malgré la réflexion que nous sommes en train de faire, toi et moi. Je te parle d'une expérience. La mienne. Je me mets dans la situation du personnage et je vis sa vie, le temps que dure la représentation. C'est bien réel. Et quand c'est fini, c'est fini. Je rentre chez moi. Au propre et au figuré. Je ne sais pas jouer. Après tout ce temps, je ne sais pas jouer. Mais je sais que je suis une artiste et que je suis plus heureuse lorsque je travaille avec des artistes, des créateurs libres.

Je découvre aussi, avec le temps, la fragilité du metteur en scène. Je pensais qu'il savait. Je croyais monter dans un train déjà en marche. J'aime beaucoup, pour cela, les lectures avant le début des répétitions. Ou encore le travail qui s'étire dans le temps, lorsque l'acteur est intégré à la démarche des concepteurs. J'ai vécu une très belle expérience, dans ce sens, lorsque j'ai joué *La voix humaine* à l'Espace Go. J'étais invitée aux réunions avec les concepteurs, j'avais accès à leurs impressions sur l'œuvre, ils avaient accès aux miennes. Nous faisions partie du même monde au même moment, sans décalage.

C'est étrange d'arriver à la première lecture et de voir les concepteurs, déjà avancés dans leur réflexion, nous présenter un univers presque arrêté, préétabli, à nos yeux. Le plus souvent, l'intensité des répétitions contribue à refermer la brèche entre nos mondes. Et c'est vous, les metteurs en scène, qui avez le pouvoir de nous en rapprocher. Dans un monde idéal, j'aimerais que nous puissions nous rencontrer pour une réflexion au tout début. Le tout début de tout le monde. Partir à zéro ensemble.

MARTINE — La pratique de plus en plus courante de confondre production et création me semble aller à l'encontre de l'acte de création, de l'art. Le théâtre présuppose une démarche collective où les différents artistes et artisans enrichissent et raffinent la proposition scénique par leurs divers talents. En demandant au metteur en scène – qui n'a pas encore confronté le sensible, le charnel, l'organicité – d'établir très tôt un ensemble de conceptions, les directions artistiques se privent d'une vision plus complexe de l'œuvre à offrir. En remplaçant la notion de création par celle de production, on contamine les règles du jeu, et par le fait même, la démarche de création. La présentation finale que l'on offre au public doit être fondée sur l'artistique et non sur l'économique.

Comme le dit Allain Roy, directeur artistique du spectacle *Louis Mailloux*: «La culture n'est pas une affaire de dépenses publiques mais un bien et une richesse pour nos communautés et le message vivant de notre humanité et de notre bien commun.»

L'acte artistique demande du temps.

À l'été 2010, j'ai eu le privilège de mettre en scène le théâtre musical *Louis Mailloux* à Caraquet, en Acadie. J'ai travaillé avec des artistes engagés, des gens de parole, de cœur et d'intelligence. Les interprètes ont offert une disponibilité de quarante heures semaine pendant neuf semaines incluant deux semaines d'entrée en salle. Ce spectacle a été joué trente-cinq fois et a été repris à l'été 2011. De plus, le temps

Je n'ai pas b...
et je ne peux pa...
si beau style qu...
Hallifax, qu'il f...
d'une main, le c...
et le bébé sur le...

de préproduction s'est échelonné sur un an et demi. Les concepteurs travaillaient en salle avec nous. Ainsi, plusieurs réajustements ont pu être effectués au fur et à mesure de l'évolution de la mise en scène.

J'ai séjourné deux mois dans ce coin de pays avec, comme toile d'horizon, la mer et ses lumières. Le mouvement des marées a, jour après jour, façonné mes inspirations et dessiné mes espaces. Durant cette aventure artistique, le temps s'est révélé notre meilleur allié, il a apaisé nos tourments en laissant place à l'expérimentation, à l'approfondissement et à la consolidation. Le spectacle, une fois présenté devant public, a généré une liberté, une créativité et une solidarité entre les interprètes, les concepteurs et les techniciens. Pas de panique, du temps pour réfléchir. Nous avions le sentiment de participer à une œuvre commune, en donnant le meilleur de nous-mêmes. Chaque artiste, dans son secteur de création, a été stimulé par ce contexte privilégié. Des sentiments de fierté, de dignité et d'appartenance ont rejailli sur tous. Il y a eu acte de création. Ce résultat unique me rappelle pourquoi j'ai choisi l'art théâtral comme expression de notre réalité contemporaine.

up d'éducation
re dans un aus-
Prof. Lanos de
nir l'Evangéline
naire de l'autre
oux. Au revoir.

Marichette.

C'est peut-être cela le rôle de l'artiste

SYLVIE — Comme actrice, j'essaie de voir de l'intérieur, de sentir le monde tel que proposé par le metteur en scène et l'auteur. Un peu comme quand on nous raconte une histoire et que les images défilent. Nous devons comprendre peu à peu le sens de notre présence, ce dans quoi on s'inscrit, le rapport qu'on a avec les autres (ou qu'il serait préférable que l'on ait). Et malgré notre position spécifique au cœur de la pièce, nous devons avoir une vision d'ensemble, une conscience des énergies complémentaires, même si on ne voit pas.

Voir de l'intérieur, pour moi, c'est davantage un procédé sensitif qu'intellectuel, bien que cela passe aussi par la compréhension du sens de la pièce. Bien sûr, c'est matière à interprétation, et on peut changer d'avis en cours de route. Malgré cela, quelque chose nous échappe dans la finalité. On ne peut, là encore, que s'abandonner aux révélations à venir.

MARTINE — J'aime bien cette expression : « voir de l'intérieur ». Quand je te regarde travailler, j'ai l'impression que les mots se déposent en toi, que tu les savoures, les laisses reposer à l'intérieur de toi, jusqu'à ce qu'ils se fixent dans une partie de ton corps et éveillent une émotion sensible. Le corps de ton personnage semble ensuite se construire par petites touches, par petits traits, pour ensuite se projeter à travers une musicalité sensible, un souffle habité de reconnaissances, une corporalité empreinte d'élans. Les mots deviennent la musique qui rythme tes mouvements. Tes mouvements prolongent la respiration issue de cette évocation. Ensuite, ta sensibilité s'accorde à celle de tes partenaires et au dessin de la mise en scène. Voir de l'intérieur pour être regardé de l'extérieur et revisiter l'intime collectivement. C'est peut-être cela le rôle de l'artiste…

SYLVIE — Les mots nous viennent de l'auteur, du poète. Ils sont le cœur. Au-delà de leur sens, les mots, par leur sonorité, sont des véhicules qui, du fait même qu'ils appartiennent au personnage, nous transforment, nous sculptent et nous transportent ailleurs. Les mots appellent une voix, un corps. Ils appellent leur voix, leur rythme, leur corps. J'essaie d'être disponible du mieux que je peux, en créant le moins d'interférences possible. La rencontre avec les mots peut s'avérer très laborieuse lorsqu'on joue dans certaines traductions. Il faut un poète pour traduire un poète. Autrement, on sent le décalage, et c'est alors de l'ordre de la torture que de donner corps aux mots. Ça ne veut pas entrer dans le corps, ni dans la mémoire, il n'y a pas de rythme, la musique est absente.

Un texte, ce n'est pas une succession de mots qui racontent une histoire. C'est un espace de beauté sur lequel, au théâtre, s'appuie toute une équipe d'artistes, à la fois témoins et complices. Notre rôle est de transmettre cette beauté aux spectateurs. Le mot à mot de certaines traductions tue la poésie. Et dans la pratique, c'est comme traîner un boulet. Certains textes sont peut-être ultimement intraduisibles, mais le poète-traducteur aura toujours le souci de transmettre, de laisser transparaître la matière poétique de l'auteur. Il n'a d'autre choix que d'entrer lui-même dans le courant créatif et d'y laisser des traces de son propre rythme, de sa propre musique intérieure.

MARTINE — Je me demande quels sont pour toi les types d'indications données par le metteur en scène qui t'inspirent le plus ou t'aident dans ta démarche d'appropriation d'un rôle ? Ces indications ne sont certainement pas les mêmes au début du travail et à quelques jours de la première. Comment perçois-tu cet échange ?

Sylvie — Dans la réalité, cela varie tellement d'un metteur en scène à un autre. La seule chose dont je suis certaine, c'est que le lien ne doit jamais être rompu entre le metteur en scène et l'acteur. Ce fil invisible entre les deux âmes.

En ce qui me concerne, la quantité des indications n'est pas proportionnelle à ma compréhension ou même à ma capacité à intégrer un monde qui m'est étranger, un monde à découvrir. Je pense que l'acteur, malgré ses peurs, ne désire rien de plus que l'inconnu. Non pas tant dans le but d'être révélé à lui-même, mais dans un désir de dépassement. Un désir très puissant de dépassement de soi.

C'est vrai qu'en début de répétitions, davantage de mots, d'explications sont nécessaires, pour qu'on soit tous au même diapason: cette histoire doit résonner comme ça, avec ses couleurs très précises. Mais plus le travail avance, plus la compréhension doit se faire par l'expérience des mots, comme tu le dis. Oui, je sens le besoin de l'expérience physique des mots. C'est effectivement quelque chose qui se fait tout doucement, quelque chose qui ne se force pas, qui a besoin de temps pour monter. Quelque chose qu'on doit écouter, il me semble. Un état de disponibilité. Les mots sont porteurs du mystère, et le corps en est le transmetteur.

La mise en place est intéressante pour moi, dans la mesure où je pourrai la faire et la refaire.

Répéter, répéter, répéter. Les mots dits dans telle position physique ne résonnent pas du tout de la même façon que s'ils sont prononcés dans une autre. Pour moi, changer une mise en place veut dire changer beaucoup de choses. Ce que j'aime le plus, c'est expérimenter l'espace et les mots, plusieurs fois, et pas seulement avec les intentions. Je parle de pratique. Depuis quelques années, lorsque le temps de répétitions ne me semble pas suffisant, j'ai pris l'habitude d'aller répéter toute seule, dans l'espace de jeu, les mots et les gestes, avec, en mémoire, les indications du metteur en scène. Sans interprétation... ou je devrais dire avec une interprétation du dedans, pas projetée.

J'ai commencé à le faire pour *L'aigle à deux têtes* en 2004, puis, deux ans plus tard, pour *Reste avec moi ce soir* et pour *Marie Stuart* en 2007... Toujours, en premier lieu, je suis confrontée à la solitude. La mienne et celle du personnage. Personne n'est là pour me voir ou m'inspirer, me relancer. Après le malaise, l'angoisse de la solitude et du vide, le personnage s'impose tout doucement, presque en catimini. La voix est douce, timide, pas théâtrale, mais elle vibre de tout ce que je suis. Et surtout, je cherche les liens d'énergie entre les divers moments de mise en place. Je fais cela très souvent, car je n'ose pas imposer ce temps de recherche aux autres. C'est quelque chose que je n'arrive pas à faire à la maison où je ne travaille que les mots dans l'espace imaginé. Il me faut l'espace réel, les accessoires réels, le lieu réel, même s'il ne s'agit que de la salle de répétition. Je cherche les impulsions intérieures qui me mènent d'un mouvement à un autre. Ces moments me sont très précieux. Je fixe quelque chose qui dépasse ce que l'on voit, mais qui sera pour moi un ancrage. J'ai des pudeurs à demander ce temps en répétition. Il faut presque toujours y être rapide et efficace. Et puis, tous les acteurs n'ont pas les mêmes besoins.

Pour les indications, au fil du travail, j'aime qu'elles se fassent minimales au fur et à mesure que la première approche. Une surcharge est pour moi source de confusion et de possible dérapage. Un, deux, trois mots suffisent pour me donner des ailes.

Tu te rappelles : « franchise, humanité, dignité ». Ce sont les trois mots que tu as prononcés avant qu'on entre en scène le soir de la première d'*Avaler la mer et les poissons* en 2005. Il est plus facile d'éprouver avec clarté la direction à prendre, quand les indications sont succinctes. Évidemment, au début du travail, comme on cherche, plus de mots sont nécessaires. De toute façon, quand vient le moment, dans l'action du jeu, ce n'est plus le temps de penser, c'est le temps d'être. La pensée ne fait qu'empêcher l'expérience. Comme interprète, je ne peux être à la fois en train de penser et de jouer. Penser est quelque chose qui se passe avant ou après, pas pendant. Quand la lumière monte sur scène, c'est le moment de vivre et d'entrer dans l'autre réalité, avec les partenaires et le public. Et ce n'est jamais pareil.
Tu vois, c'est la patience du metteur en scène qui m'aide le plus, sa patience et son humanité. Mais lui-même est confronté aux contraintes du peu de temps de répétition. Sa patience, oui, et sa capacité à préciser sa pensée. L'échange entre le metteur en scène et l'acteur est d'une grande profondeur, d'une grande intimité, même lorsqu'il se fait avec peu de mots. Plus, peut-être, lorsqu'il se fait avec peu de mots. J'aime répéter, vraiment *répéter*. Dire et faire, plusieurs fois, à plusieurs reprises. Traverser le texte mille fois, jusqu'à

ce qu'il parle tout seul. Jusqu'à ce qu'il ait trouvé sa propre voix. C'est comme ça, il me semble, que le public croira au personnage et sentira ce qui me dépasse et dépasse mon interprétation.

Je veux parler maintenant d'une chose qui, sans doute, va de soi pour toi et pour la majorité des metteurs en scène que j'ai connus : l'humanité. La relation doit avoir lieu, cette capacité d'entrer en relation franche et sincère. Le lien de confiance ne doit jamais être rompu entre le metteur en scène et l'acteur. Il s'agit parfois d'un regard, d'une main sur l'épaule, d'un mot ou d'un clin d'œil comme tu fais souvent. C'est la reconnaissance. L'acteur a besoin de la reconnaissance du metteur en scène. Sa position en est une de vulnérabilité. Nous ne sommes pas toujours d'accord, car l'acteur n'est pas là pour obéir. L'acteur est cocréateur, il modèle autant le metteur en scène qu'il se laisse sculpter. Mais pour que cela arrive, le lien de confiance ne peut pas être rompu. Et le seul moyen de garder ce lien, c'est d'être franc. J'ai besoin que la communication soit empreinte de chaleur humaine et de franchise.

De ton côté, t'est-il arrivé de vivre des choses douloureuses avec les acteurs ? Une incapacité au niveau de la communication, de la rencontre ?

MARTINE — Pas vraiment. Parfois, la communication peut prendre plus de temps à s'établir avec un interprète qui n'a pas le même vocabulaire ou la même interprétation du personnage que moi. Quand on retrouve un acteur sur une deuxième production, tout est évidemment plus facile. On se connaît et on se reconnaît.

Durant les répétitions de *Top Girls* de l'auteure britannique Caryl Churchill, en 2005, certaines résistances sont apparues. Cette pièce écrite en 1980, alors que Margaret Thatcher est au pouvoir, débute comme une pièce féministe mais se développe comme une pièce socialiste. Cet univers féminin complexe se distingue par sa structure dramatique où les temps sont discontinus, et par un dialogue qui repose sur le chevauchement de répliques. Nous sommes dans un monde où la solitude et le désenchantement mènent à une réflexion sur la création d'un idéal politique pour les générations à venir : un projet social réalisable, fondé sur la compassion, l'humanité et la reconnaissance des différences.
Certaines actrices ont eu de la difficulté, au départ, à endosser le discours conservateur ou néolibéral de leur personnage. Une fois que nous nous sommes entendues sur le fait que la pluralité des idéologies était l'objectif recherché, chacune en a perçu l'efficacité sur l'ensemble du spectacle et s'est investie dans l'interprétation de son personnage. Les actrices ont su se faire violence et laisser leur personnage s'exprimer. Cette

dualité entre l'interprète et le personnage fut fascinante à observer. Nous avons compris que le temps et la compassion étaient deux des particularités de cette écriture féminine. Le temps vu comme une force agissant sur le monde et les êtres et aussi comme un moment favorable pour effectuer un changement. Le temps comme division d'une mesure, comme mémoire de l'histoire de l'humanité.

La compassion, elle, fut perçue comme un état favorisant l'écoute de l'autre, la reconnaissance des injustices et des douleurs, comme une ouverture pour l'accès à une dignité individuelle et collective des femmes.

Pour moi, les indications visent à transmettre les données sensibles et intellectuelles permettant aux interprètes de visualiser une situation dans l'espace et les rapports qui en découlent. Elles animent la création chez l'acteur, elles éveillent son imaginaire et le situent face aux différents espaces et discours.

Indiquer mais non pas exiger. Suggérer pour éveiller. Nommer pour se comprendre. Saisir pour créer.

Changer une mise en place aide souvent à raffiner et à approfondir le sens d'une scène, à trouver la justesse des rapports entre les personnages et le lieu de leur expression. Dans *Avaler la mer et les poissons*, par exemple, quand Kiki, ton personnage, offrait un bol de soupe à son éventuel amant, la proximité des corps et le statisme de cette situation permettaient de laisser jaillir tout le désir latent entre ces deux êtres. Cette immobilité troublait, car elle évoquait l'intensité des turbulences intérieures. Il me semble que cette mise en place fut trouvée après quelques essais. Je ne pouvais percevoir, dès le début des répétitions, que ce serait la mise en place la plus juste pour cette scène. C'est aussi le travail sur les autres scènes qui ont influencé ce moment particulier.

L'écriture des corps dans l'espace évoque des intentions, des nuances, elle propose une complexité de sens, projette une compréhension. La composition des corps dans un espace est essentielle à la construction spatiale et sonore d'une œuvre. La mise en place des scènes s'inscrit comme le moment le plus angoissant pour le metteur en scène et en même temps le plus stimulant, car elle ouvre le sens, définit l'écriture scénique et la projection artistique, de manière sensible et intellectuelle.

SYLVIE — Oui, il faut pouvoir changer la mise en place, jusqu'à ce qu'elle soit complètement au service du courant qui veut surgir. Comme interprète, on attend ce moment avec beaucoup de désir, car c'est là qu'on peut s'envoler. En général, les metteurs en scène sont respectueux de ce que j'éprouve. Une seule fois j'ai vu un metteur en scène tenir mordicus à sa mise en place comme si elle était une finalité, et ça n'a fait que ralentir l'accès au flot créateur.

De ton côté, qu'attends-tu d'un acteur? Qu'est-ce qui t'inspire le plus? Qu'est-ce qui, chez un interprète, stimule le plus ta créativité? Comment l'acteur transforme-t-il ta vision d'une œuvre?

MARTINE — J'attends d'un acteur qu'il apporte un point de vue personnel par son interprétation. Une sensibilité, une intelligence et une expérience qui enrichiront ma vision de départ. J'aime qu'il me fasse ressentir, par son expérience affective, une intimité insoupçonnée du personnage. Je me concentre sur les nuances, les finesses intellectuelles et sensibles révélées par celui-ci qui vont prolonger mes intuitions. J'aime un acteur qui questionne, qui complète, qui enrichit, qui, par sa personnalité, traduit son humanité et sa sensibilité au monde. Le choix de la distribution révèle déjà une anticipation du désir, un moteur d'inspiration. La présence scénique d'un acteur, son énergie, sa voix, sa gestuelle suggèrent autant de particularités qui animent ma créativité. D'ailleurs, si l'acteur que j'avais choisi pour un rôle donné décline l'invitation, je ne chercherai pas à le remplacer par un autre qui a le même physique ou qu'on a l'habitude de voir dans le même type de rôle. Je préfère me laisser inspirer par une énergie différente, même parfois à l'opposé, qui approfondira et nuancera ma vision du rôle.

Par contre, ce qui m'attriste le plus, c'est quand l'angoisse et la paranoïa envahissent un acteur et le ferment à toute communication. Certains, même s'ils sont peu à se complaire dans ce type de relation, cultivent un comportement sadomasochiste qui demande inconsciemment au metteur en scène de jouer un rôle d'autorité intransigeante. En sollicitant l'humiliation, le mépris, la punition, l'acteur/enfant croit que la révolte fera naître en lui une affirmation, un sentiment d'affranchissement. Il faut refuser de se prêter à ce jeu malsain. Lorsque cela m'est arrivé, j'ai dû attendre que l'interprète se calme, vive à plein sa culpabilité, qu'il émerge de lui-même. Malheureusement, ce type de comportement retarde le partage d'intimités créatrices et d'expressions véritables.

L'acteur ne transforme pas vraiment ma vision de départ de l'œuvre, mais en donnant vie de manière personnelle au personnage, il me présente des subtilités, m'offre une profondeur de sens et me dévoile une dimension psychique qui, toutes, stimulent mon imaginaire. Je ressens un profond plaisir à devenir la spectatrice d'une interprétation singulière. Un état incarné avec justesse, un corps habité et construit, une voix chaleureuse interpellent ma créativité. Lorsque mon imaginaire est stimulé par les nuances d'interprétation de l'acteur, la rencontre véritable s'établit. Nous créons ensemble l'anthropologie fictive d'un monde qui se révèle unique par ses créatures, ses climats, ses espaces, ses environnements sonores et ses lumières.

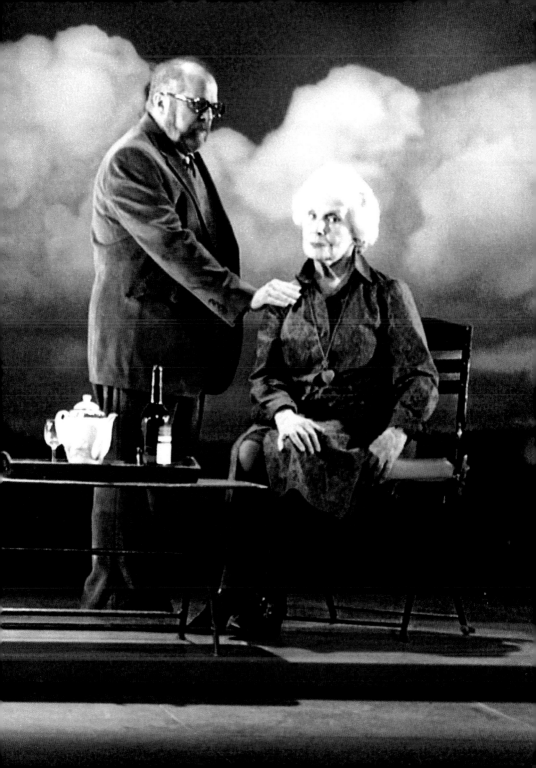

Un voyage de « détresse et d'enchantement »

MARTINE — Durant l'écriture de mon essai sur la mise en scène, *Le passeur d'âmes* paru en 2004, j'ai pris conscience que la blessure ou les blessures fondent mon travail artistique. Comme si l'expérience la plus tangible ou la connaissance sensible du monde se nichait dans ma mémoire. J'ai dû accepter la douleur et les conséquences que les blessures ont pu entraîner, car elles ont dessiné mon identité et défini mon rapport au monde. Les blessures érigent la centrale affective qui, par la suite, se fertilise en associations d'idées, d'émotions et en création. Comme dans les rêves, la blessure anime une métaphore, une imagerie. Elle circonscrit une spatialité et propulse la nécessité de l'acte créateur. Ces profondes expériences forgent notre compassion, notre désir de nous dépasser, de nous faire nous aimer et aimer, bref, notre désir de s'accepter. Cette quête semble toutefois insatiable, car aucun succès ne peut nous satisfaire pleinement. C'est une aventure vers l'inconnu et vers la reconnaissance de soi qui demeure toujours palpitante et enrichissante.

Pour moi, maintenant, la blessure est positive. Douloureuse à porter durant certaines périodes de ma vie, elle est devenue aujourd'hui une alliée. Je connais les éléments qui la composent, les liens et les débalancements qu'elle peut créer, et je l'exploite selon mon bon vouloir, sans m'engouffrer dans une relation de victime avec elle. Elle reflète l'expérience de la vie qui s'est inscrite en moi, dans mon âme, dans mon cœur et mon esprit. Je la perçois comme une merveilleuse porte d'entrée vers le jaillissement de l'émotion et la projection de mon imaginaire. Cette blessure contient les saisissements bruts et sauvages ressentis particulièrement durant l'enfance et parfois à l'adolescence. Maintenant, je dépose soigneusement cette blessure dans mes valises, petites et grosses, et je marche avec elles vers des territoires nouveaux. Heureusement, plus le périple avance, plus les valises s'allègent, plus j'aime voyager avec elles.

En ce sens, quel voyage rêves-tu d'entreprendre ?

SYLVIE — J'ai envie de me délester moi aussi de ces valises de blessures. De leur poids, en tout cas. Les traces de la vie sont inévitables et nous permettent l'expérience de la compassion. Je désire m'alléger de leur poids et m'en aller vers plus de pureté. Le voyage de l'artiste est un voyage humain, fait de *détresse et d'enchantement,* comme le dit Gabrielle Roy.

Je ne sais plus rien. Je ne sais plus très bien quelle actrice je suis. Il y a cette lente perte d'identité qui s'est amorcée depuis quelques années. Je change et me libère. J'ai le sentiment d'être dans une seconde vie d'actrice, de comédienne. Je devrais maintenant dire une troisième.

MARTINE — De quoi se compose cette troisième vie ? Qu'est-ce qui a provoqué cette mutation ?

SYLVIE — Lorsque j'ai fait l'expérience de la maternité en 2000 et 2003, j'ai eu le sentiment d'entrer dans une seconde vie. En tant que femme, mais aussi en tant qu'artiste. Le théâtre n'occupait plus la première place. Il passait en second, après les enfants. J'ai cru que je serais moins intéressante comme interprète. Je pense que c'est le contraire qui s'est produit. J'allais plus vite à l'essentiel. J'avais aussi une capacité plus grande à être présente, ici, maintenant. C'était la deuxième vie.

Maintenant que mes deux vies de mère et d'actrice se sont harmonisées, je dirais que j'entre dans la troisième vie. Troisième vie où je me devrai d'être prudente, car le métier, tel que je l'ai pratiqué jusqu'à présent, est devenu trop exigeant. Je dois m'occuper de mes besoins et demander de meilleures conditions de travail pour pouvoir, tout simplement, continuer. Je dois aussi apprendre à me reposer, à respecter mon instrument. C'est un autre art que je devrai développer.

Je me dirais plus autonome. Ce qui était intuition au départ est peu à peu devenu méthode, et je m'occupe davantage de mes besoins pour arriver à un résultat qui sera le fruit d'une profonde introspection et qui coulera de source. C'est pour ça, par exemple, que je me permets d'aller travailler toute seule quand j'en ressens le besoin. Je me permets d'allonger la période de préparation sans limite de temps, sans jugement sur le rythme, sur la capacité d'absorption du nouvel univers. J'aime prendre cette liberté, c'est une jouissance de l'âme. Mes valises ont besoin de temps pour révéler leur contenu. Cette façon de travailler s'adapte à tous les types de mise en scène, puisque c'est la partie solitaire du travail.

Je suis très amoureuse du voyage et j'éprouve toujours un immense sentiment de reconnaissance lorsqu'un metteur en scène me choisit pour interpréter un rôle : un sentiment de gratitude me traverse le corps, comme un réchauffement très intense de la poitrine qui provoque une envie irrépressible de donner. C'est toujours un voyage vers l'inconnu. Je dirais aussi que je m'exprime plus facilement qu'avant avec les metteurs en scène. En fait, je m'exprime. Au fur et à mesure, je nomme les obstacles sur la route vers le personnage. C'est que je les vois, les obstacles. Je peux maintenant les repérer. Et je les nomme tout de suite. C'est très clair. Après maintes tentatives, tel accessoire n'est pas utile et ne fait qu'alourdir l'accès au flot créatif ou l'empêche. Tel costume n'est pas utile au point d'exiger un changement rapide qui coupe l'élan. Tel déplacement ralentit l'accès à la rencontre avec l'autre sur scène. Telle musique est trop jolie, pas assez violente pour ce moment, et elle contribue à un décrochage qui sera long à récupérer... Les metteurs en scène sont très sensibles à ce genre de système d'alarme et généralement, lorsqu'ils en ont le temps, ils répondent aux changements qui s'imposent.

À ce sujet, j'ai vécu une très belle expérience dans *La liste* dirigée par Marie-Thérèse Fortin en 2010. Les concepteurs étaient présents pendant le travail de répétition. Par exemple, Nancy Tobin a inventé l'univers sonore à partir du souffle du personnage. Elle était là, pendant tout le processus. Ce que ça donne, ultimement, c'est qu'à aucun moment je ne me sens seule sur scène, malgré le fait que *La liste* soit un monologue. Je suis portée par la metteure en scène, par chacun des concepteurs et par l'auteure, Jennifer Tremblay, qui vivait souvent la représentation en coulisse. Ce type de communauté artistique me donne beaucoup de force sur scène, beaucoup de puissance : j'ai le sentiment d'être appuyée, de ne pas être abandonnée avec, sur les épaules, le fardeau d'accomplir un miracle toute seule. Claude Goyette avait fait la même chose sur *La locandiera*, tu te souviens ? Il peignait en nous regardant, en nous écoutant répéter. Travailler en présence des concepteurs, les nourrir et me laisser nourrir par eux est la plus belle chose qui soit. Nous ne pouvons travailler chacun de notre côté, c'est contre nature, contre la rencontre. Les *petites vites* auxquelles nous condamnent ce que tu appelles «les impératifs de production» ne vont pas dans le sens de la création.

J'ouvre ici une porte sensible, à ce point problématique en ce qui me concerne, que je me dois d'en parler. Je pense que cela peut être utile que je le fasse, car de mon point de vue, quelque chose doit changer. Cela va trop vite. À Montréal, la majorité des spectacles n'ont pas le temps de vivre comme ils le devraient. Il n'y a pas assez de temps pour répéter, surtout depuis que nous sommes payés pour le faire. Nous sommes piégés car nous répétons moins.
Justement, je ne veux pas parler d'argent ici. Je veux parler d'art. Bien sûr, nous récupérons du temps entre nous pour pallier le manque de temps payé par la majorité des théâtres. Nous nous voyons entre acteurs pour peaufiner. Je devrais dire : pour sauver les meubles, puisque c'est par la bande et

sans le metteur en scène que nous colmatons les brèches. Le fait de devoir aller si vite, de devoir être si efficaces, si productifs, le fait que les productions se succèdent avec une telle rapidité, qu'elles ne soient présentées que vingt-quatre fois, et parfois moins, tout cela enlève de la valeur à chacune d'elles. Et aux yeux du public, cela banalise les productions : ce n'est qu'une autre production dans cette succession de spectacles. C'est le *fast théâtre*. Nous voyons arriver la première, alors que nous n'en sommes qu'au milieu du processus, et nous devons, comme interprètes, faire semblant d'être prêts. Personnellement, j'achève le travail avec le public, et j'ai souvent l'impression de vivre au cœur du miracle lorsque les murs de la maison tiennent au passage de l'ouragan « Première officielle »…

Tout le monde sait que ça va trop vite, et plusieurs disent qu'il ne peut en être autrement, que le Québec est condamné à cela. Je pense que c'est faux. Je pense que pour le public aussi ça va trop vite. Certains théâtres ont amorcé des changements. Pour moi, ce n'est que le début d'un très grand changement qui devra se faire pour nous voir sortir de cette impasse artistique. Il faut redonner le temps au théâtre, et du coup, sa valeur profonde, sa puissance. Le public a soif de profondeur, il ne demande qu'à s'arrêter, car ça va trop vite pour lui aussi. Et puis moi, Martine, je suis fatiguée de ce rythme d'enfer.

Vivre au diapason de l'humanité

MARTINE — Quelle place le public prend-il dans ton travail ou dans cette rencontre lors des représentations : qu'est-ce que le public t'apprend sur une œuvre, sur ton interprétation et sur le travail du metteur en scène ?

SYLVIE — L'arrivée du public est le début de cette étape cruciale du voyage. Un moment chargé d'angoisse et de désir. Avec lui, on a l'ultime compréhension de la pièce, telle que vue par le metteur en scène. On comprend jusqu'à quel point, et comment, le texte résonne aujourd'hui. On comprend dans quoi on est, on éprouve physiquement : l'écho du sens de notre présence, la portée de nos gestes, l'effet des regards qu'on a les uns sur les autres sur scène et aussi l'effet de notre position dans l'espace. On ressent l'impact des choix.

Le public parle très fort, dans la pureté de ses silences, dans ses avancées, ses reculs ; dans ses impatiences aussi, lorsqu'il brise le silence. Il est sans cesse changeant, d'un soir à l'autre, jamais le même, souvent confrontant dans ses exigences, toujours à conquérir. Lorsque les spectateurs se laissent emmener avec nous, ça va tout seul, ils nous portent, et on goûte parfois à cet état de grâce tant célébré, tant recherché. Lorsqu'il faut les convaincre, c'est plus sportif. Et il y a un danger d'en mettre trop pour les garder avec nous à tout prix.

Je cherche la lumière. Je cherche à être illuminée par le regard des spectateurs. Je cherche la rencontre au-delà des mots, des gestes. Je cherche à nous faire vivre au diapason de l'humanité. Je suis parfois déçue, quand je sens que les grands courants sur scène ne se transmettent pas à la salle. C'est étrange de vibrer très fort, au-delà des mots, et de ne percevoir qu'une espèce d'indifférence de l'autre côté du quatrième mur. Je manque souvent d'humilité et je voudrais la communion systématique entre nous. Et puis, il faut bien le dire, ma perception n'est pas toujours juste : je suis trop avide de sensations.

Et toi, Martine, comment les entends-tu, les spectateurs, lorsque tu es assise avec eux, devant ce que tu as créé ? À quoi ressemble tes soirs de premières, du début à la fin du spectacle ? Et puis au fil des représentations ?

MARTINE — Depuis quelques années, la présence imaginée du public me préoccupe durant la période de répétitions. De cette position plus distanciée surgit un regard critique mieux aiguisé et peut-être plus objectif. Est-ce mieux ou pas, je ne saurais le dire…

Le soir de la première, lorsque l'intime devient public, je reçois trop d'informations sensibles que j'aurai besoin de digérer durant les jours suivants pour me fier à mon jugement. On voudrait que tout le public reçoive l'œuvre avec toute la passion, la rigueur, l'intelligence et la sensibilité qu'on a mises pour l'incarner, mais on ne peut plaire à tout le monde. On se sent responsable face à l'auteur, aux concepteurs, aux interprètes, à la compagnie théâtrale. C'est un moment chargé d'angoisse et de désir, oui. Par contre, quelques jours plus tard, le fait de s'asseoir parmi le public se transforme en une expérience fascinante, car les rires, les silences, la position des spectateurs sur leur siège donnent beaucoup d'indices sur la compréhension de l'œuvre et sur notre interprétation. Tout devient palpable : le niveau de jeu, le rythme d'ensemble, l'émotion, ce qui est regardé et entendu, l'impact du propos et de sa transposition. Il y a des moments de grâce comme des instants de doutes profonds.

Je fus très surprise de la réaction lors de la première de *La locandiera*, comme vous tous, d'ailleurs. On ne pouvait prédire ce succès. La salle frétillait, les rires fusaient, le public savourait chaque moment, chaque invention. Le soleil de l'Italie irradiait pour tout ce monde rassemblé et transporté l'espace de quelques heures. Ce fut un moment unique de réception.

Mais il y a aussi l'envers de la médaille. En 1993, le soir de la première de *Désir sous les ormes* d'Eugene O'Neill, traduit par Yves Sauvageau, j'ai ressenti un silence abyssal d'incompréhension. J'ai compris deux mois plus tard ce qui avait causé ce malaise. Ce fut une grande leçon de mise en scène.

La pièce raconte le conflit que vit un fils envers son père et sa nouvelle belle-mère, à l'arrivée de celle-ci dans sa demeure, peu de temps après la mort de sa mère. Ma mère est morte durant cette production, le jour de la costumière. J'ai vécu toutes les répétitions dans l'anticipation de cette fatalité.

L'ensemble de la production fut inconsciemment teintée par cette situation. Tout était grave, noir, sans issue, sans lumière, sans espoir. La langue de la traduction, déjà rude et brutale, appelait une mise en scène plus lumineuse. Mais moi, au contraire, j'ai plongé au cœur des tourments identitaires. Le concepteur musical m'avait proposé une musique qui transportait la mémoire, qui élevait la condition humaine, mais je l'ai refusée en prétextant que les sonorités devaient traduire ce corps enfoui, évoquer les racines qui prenaient forme dans la terre. J'ai eu tort.

La conception scénique à l'horizontale qui déjà rétrécissait l'espace mais était pertinente, aurait dû m'amener à imaginer une dimension verticale pour donner de l'ampleur à cette œuvre. Mais non, j'ai voulu que la musique surgisse du sol, que la lumière provienne principalement des côtés, ce qui a eu pour effet de souligner la noirceur de l'œuvre. C'était étouffant. C'est peut-être ma propre noirceur que je dessinais. J'ai compris alors que la mise en scène doit inscrire l'horizontalité, la verticalité et la profondeur de champ, pour permettre à un univers de s'incarner. La composition est une mathématique de l'espace avec toutes ses composantes spatiales, lumineuses et sonores. Elle doit initier le mouvement et permettre une évolution dans l'espace scénique.

Malgré tout, j'aime ressentir et recevoir ces moments d'écoute intense, intime et collective où le rituel prend tout son sens. Le théâtre offre ces instants de méditation, de retour sur soi, sur notre vie, tout en incluant notre rapport à l'autre, à la collectivité, par le fait même que nous sommes entourés d'autres spectateurs.

Je m'interroge souvent sur la convention des applaudissements à la fin d'une représentation, ce geste de générosité par lequel le public indique sa satisfaction ou son insatisfaction. Comme spectatrice, j'aurais préféré, parfois, ne pas applaudir, car la rupture entre le fictif et le réel m'apparaissait trop brusque. J'aurais aimé repartir en silence, encore secouée par les propos, les émotions et les impressions qui imposaient une période de décantation.

Mais en même temps, cette rupture nous rappelle que le théâtre est une fiction, un miroir du monde et de l'humanité. Enrichis de cette expérience, nous aurons peut-être une meilleure compréhension de ce qui nous entoure, du monde dans lequel on vit, de nos mythes. Un jeu dont chacun connaît les règles, et auquel on consent, pour se laisser emporter sur les rives de l'imaginaire. Par moments, on aimerait que le voyage ne se termine jamais...

Comme spectatrice, as-tu vécu ces rares moments de grâce et, si oui, qu'est-ce qui se passait en toi? Comme actrice, as-tu senti parfois que tu conduisais les spectateurs vers ces instants de vertige ou d'enchantement?

SYLVIE — Oui, et moi aussi, je voudrais que ça ne s'arrête jamais. Je voudrais que cette histoire se poursuive, plus loin, vers plus de compréhension. Quand j'entre vraiment dans un spectacle, le temps n'a plus d'importance, et l'expérience commence. Et c'est une expérience au cœur de moi-même. Le spectacle est un miroir qui a le pouvoir de nous changer. Comme spectatrice aussi, je désire être changée par le spectacle. C'est alors, peut-être, que j'ai l'impression d'être révélée à moi-même : lorsque le spectacle me confronte, par exemple, à tous ces moments où je suis passée à côté d'une possible transformation. C'est parfois la lumière sur un visage, le moment précis où ce mot résonne avec une telle vérité que son sens s'en trouve décuplé par cette lumière justement, par sa sensibilité caressante sur le personnage. Un moment de beauté !

Je sens cette lumière comme interprète aussi. J'y puise la concentration, d'un côté comme de l'autre. Ce que je désire profondément comme spectatrice ressemble d'ailleurs beaucoup à ce que je recherche comme interprète. Même si les chemins pour y arriver sont infinis, il y a toujours cette conscience de l'instant. S'il m'arrive d'apprécier les choix esthétiques, les recherches stylistiques dans un spectacle, c'est toujours la quête du sens qui me transporte, que je recherche. Ce que je cherche à contacter, ce sont les courants de sens et les révélations sensorielles, le sacré qui se dégage des moments de grâce. C'est infiniment discutable et extraordinairement personnel. C'est pourquoi je suis toujours étonnée d'entendre des certitudes sur ce que devrait être le théâtre et sur ce qui, soi-disant, n'en est pas.

Geneviève
Martin

MARTINE — À l'été 2009, j'ai assisté à Wroclaw, en Pologne, à un festival de théâtre qui rendait hommage à Grotowski. Cet événement international recevait quelques grands metteurs en scène du théâtre contemporain tels que : Anatoly Vassiliev, Peter Brook, Tadashi Susuki, Theodoros Terzopoulos, Roberto Bacci, Kristian Luppa et Pina Bausch. Ce fut l'occasion d'échanges foisonnants sur le rôle du théâtre dans nos sociétés à travers le filtre de l'histoire et des cultures. *A posteriori*, plusieurs questionnements évoqués me hantent encore. J'étais en présence de mes maîtres à penser, de ceux qui ont inspiré ma démarche artistique. J'étais troublée. Ils ont partagé, chacun à leur manière, leurs réflexions sur les espaces métaphysiques au théâtre. J'ai retenu certains éléments de leurs profondes méditations que j'aimerais partager avec toi.

Au théâtre, le temps ne se situe pas en dedans de soi mais au-delà de soi, d'où cette idée de retour au passé pour façonner le futur, de lier la tradition à la contemporanéité, le psychisme à l'action. Pour ce faire, l'interprète et le metteur en scène devraient privilégier un travail qui repose sur une grammaire des actions issues des mots. Les mots sont action et non décoration. Les actions visent la quête d'une spiritualité maintenant absente dans nos sociétés contemporaines, et c'est là le rôle du théâtre aujourd'hui.

Alors pour l'acteur, comment faire surgir cette mémoire ? Où ancrer sa voix pour diriger ou propulser l'action ? La ritualisation des actions de l'humanité compose le théâtre. Vassiliev donne l'image d'un homme qui quitte sa maison pleine de conflits en quête de nouveauté et d'inconnu. Les mots se retrouvent alors dans une dynamique interne/externe. L'impulsion et la pulsion existent donc en dedans de soi, dans le psychisme, mais elles se meuvent à l'extérieur de soi pour mettre en action le futur, l'action du personnage. Le théâtre propose alors l'incarnation de la spiritualité de l'homme, de sa quête métaphysique.

Sylvie — Je me sens profondément interpellée par ce que tu racontes. Je me sens un instrument au service de cette quête.

MARTINE — La tradition étant modelée par la continuité des questions et non des réponses, le théâtre, par sa transposition, nous permet alors de saisir le sens de la vie et de la mort. Certains ont affirmé que le théâtre actuel repose sur une dramaturgie de la défaite, de la fêlure à travers laquelle l'acteur décrit la perte d'illusions. En tragédie, les dieux sont présents et malgré la fatalité, l'humain regarde droit devant pour survivre. Nos sociétés étant basées sur le mensonge, le théâtre doit contrer le mensonge en revenant à ses traditions. C'est la mémoire du corps et de la voix qui construit la tradition. L'art ne peut exister sans la connaissance des différences. Le corps tragique est l'énergie d'ensemble du corps. Il faut se méfier de la tête qui est la police et qui nous éloigne de la vérité de la mémoire, des comportements archétypaux de l'humanité.

Je retiens une des phrases chocs de ces rencontres, citée par Roberto Bacci, je crois : « Quand l'autobiographie cesse, l'art commence ».

Un des metteurs en scène présents a avoué qu'avant, il débutait un travail de création comme si c'était le premier spectacle qu'il faisait. Il a fini par comprendre, qu'au contraire, il faut le faire comme si c'était le dernier. Les metteurs en scène doivent créer les conditions pour que l'art surgisse. Les conditions sont plus importantes que le résultat.

Tous ces artistes étaient animés par une quête métaphysique. Le retour aux traditions mythiques du théâtre a tracé la voie d'une théâtralisation contemporaine de l'humanité à travers une structure ludique et métaphysique qui n'appartient qu'au théâtre. Le corps porte une mémoire culturelle et spirituelle, et l'acteur doit puiser dans ce centre émotionnel, dans cette psyché universelle.

J'ai pensé à toi durant ce séjour en Pologne. Tes diverses interprétations, et je pense ici particulièrement à deux productions plus récentes, *Marie Stuart* et *Vassa*, s'inscrivent, pour moi, comme des moments de théâtre durant lesquels j'ai reçu cette profondeur d'incarnation. Ta compréhension et tes intuitions des couches multiples de l'humain étaient palpables. Je comprends donc ta complicité avec le metteur en scène Alexandre Marine qui est issu de cette même formation de pensée théâtrale.

Les divers spectacles auxquels j'ai assisté, là-bas, témoignaient de cette théâtralité, car la représentation plus grande que nature de l'humain exposait les secrets, la mémoire et les dimensions spatiales, temporelles, inconscientes et métaphysiques de l'humanité. Les choix d'énonciation, de mise en scène, de rythmes, d'images, de mises en situation contribuaient à cette construction, à cette incarnation de la mémoire dans un monde contemporain.

J'espérais, depuis longtemps, que le théâtre me confronte, m'invite à cette ritualisation. J'ai vécu de grands moments de bonheur et de déstabilisation en assistant à plusieurs spectacles créés par ces metteurs en scène. De véritables moments de grâce. J'ai été confrontée, saisie, envahie, transportée par la magie et la profondeur de l'art théâtral. On est très loin du divertissement : on participe à une expérience humaine et artistique qui nous situe au cœur de la fragilité de l'humanité. C'est beau, tragique et ludique à la fois. Il n'y a pas de certitudes dans l'art théâtral, mais des tentatives de réponses à nos questionnements existentiels et artistiques. La certitude engendre le commerce d'un produit culturel, et nous sommes alors très loin de l'art.

Ces metteurs en scène m'ont injecté leur nécessité de rêveries comme objets de réconciliation pour sublimer le réel.

J'ai compris que le théâtre a pu me servir d'échappatoire constructive et que dans cette quête identitaire, le sujet à conquérir a été, somme toute, moi-même.

La vibration affective des mots, la sonorité des voix, la sensualité des corps dans l'espace, les textures sonores et lumineuses, la résonance du sens et la construction de la pensée participent au plaisir. Il y a quelque chose d'érotique dans la tension latente qui met en mouvement la communication entre l'acteur et le spectateur, dans le désir profond de faire corps avec un texte. D'après toi, comment l'acteur peut-il toucher à cette mémoire ? Quelle est la part d'instinct et d'intuition qui lui permet de ressentir cet héritage de l'humanité ?

SYLVIE — Personnellement, j'essaie autant que je le peux, avec un corps aussi conscient que possible, de me rendre disponible au metteur en scène ; qu'il puisse voir, à travers moi, la peinture humaine qu'il est en train de créer, la sculpture de chair qu'il modèle. Est-ce que c'est moi, Sylvie, qui touche alors à cette mémoire de l'humanité ? Je ne sais pas. Je crois que mon corps est traversé par l'énergie de cette mémoire, à cause, entre autres, des mots et de leur résonance, avec tout le mouvement intérieur que cela suppose. Ça passe à travers moi, et le metteur en scène peut le capter, en choisissant tel moment, au profit d'un autre. Je suis disponible à cette mémoire, je suis un écran de chair et d'énergie. Je tente de laisser passer la lumière. Mon expérience est d'abord de l'ordre du senti, même si je dois comprendre les aspirations du metteur en scène, sa quête.

La mienne en est une de communion avec la poésie, par le corps, vers le divin.

Chair, énergie et lumière sur des mots

MARTINE — Comment as-tu vécu le fait d'interpréter le texte que tu as écrit, je pense ici à *Avaler la mer et les poissons*? Est-ce que les mots revisités par d'autres interprétations se sont chargés de nouveaux sens, de nouvelles dimensions? Kiki, ton personnage, portait les divers questionnements sur l'art lié à une conscience de la mort, et sur l'amour qui enfante et renouvelle notre rapport à la vie et au réel. Comment es-tu arrivée à rendre le personnage intime et universel?

SYLVIE — Je ne l'ai pas travaillé autrement que si je ne l'avais pas écrit. Je suis arrivée sans savoir qui elle était et comme à chaque fois, j'ai abordé le travail en me demandant intérieurement : Comment on fait déjà pour jouer ? Avec toutes les maladresses que cela suppose. Toi et elle, vous m'avez peu à peu montré la voie. Toi à la place de celle qui regarde et elle en tant que personnage. Lorsque je jouais Kiki, j'oubliais complètement qui l'avait conçue. Elle devenait, elle aussi, comme les autres personnages que j'ai joués : chair, énergie et lumière sur des mots.

MARTINE — Pour moi, certaines pièces ou certains personnages, même si je ne les ai pas interprétés, ont été de véritables déclencheurs. Ce sont des matériaux qui m'ont confrontée à des fantasmes et à des angoisses que je n'aurais jamais identifiés autrement. Ils m'ont révélé des secrets enfouis, m'ont dévoilé certains aspects de mon identité que je ne connaissais pas ou refusais d'admettre. D'un point de vue plus intime, le personnage d'Ikuko (une Électre japonaise) dans *L'arbre des tropiques* de Mishima, celui de *Dom Juan* dans l'œuvre de Milosz et de Molière, et la pièce *Albertine, en cinq temps* de Michel Tremblay ont été des opportunités qui ont initié une quête de réparation et d'identité.

Ikuko m'a permis de tuer psychiquement ma mère, de questionner la relation amour/haine entre une mère et sa fille, d'analyser cet état troublant. J'ai sondé cette ambiguïté relationnelle en la transmettant en images, en voix et en chair. Elle m'a permis de naître à moi-même d'une certaine façon, de me connaître, de me reconnaître. Les recherches corporelle et vocale que nous avons effectuées pour ce spectacle ont trouvé leur fondement dans cette mémoire. Ce personnage a été teinté par une intuition, par un fort désir d'affranchissement et de reconstruction. Je recherchais un souffle tragique primaire.

Dom Juan, personnage qui me fascine par ses multiples facettes du psychique, du politique et de l'intime, m'a fait comprendre de manière détournée la complexité de la relation identitaire, la nécessité d'une confrontation avec l'autorité patriarcale – à travers la relation qu'il entretient avec le Commandeur. J'ai questionné ma relation au père comme première figure masculine, témoin de l'expérimentation de la sensualité, du désir, des pulsions amoureuses, des passions parfois destructrices. Inconsciemment, Dom Juan et le Commandeur endossaient cette association, bousculaient ma relation à l'autorité, comme figure à conquérir et à défier. Je me suis identifiée à Dom Juan en endossant l'excitation liée à l'interdit. Je savourais l'état de liberté de ce personnage, nécessaire à son affranchissement. Je découvrais le tourbillon de perversité qui le condamne à sa perte et à sa destruction. À travers lui, je dénonçais l'injustice sociale, l'hypocrisie de nos sociétés, et j'affrontais la réalité de ma propre mort. L'esthétique opératique de ce spectacle a peut-être été inspirée par ces multiples voix qui m'habitaient et me plongeaient dans ces méandres psychiques.

Albertine, en cinq temps fut plutôt la révélation brutale et intime d'un héritage culturel et politique étouffant et oppressant. Une rage, une colère et une impuissance transmises de génération en génération. Je retrouvais dans cette pièce un climat affectif perçu dans mon enfance. Climat qui colorait en toile de fond mes rapports familiaux et personnels. Je découvrais la solitude des femmes qui me remémorait les souffrances de ma mère, de ses sœurs et de ses cousines. Une période de noirceur parsemée de désobéissance bénéfique.

C'est au cœur de ces découvertes que ma vie de femme s'est forgée, que mes aspirations se sont concrétisées et que ma compréhension de moi-même et du monde qui m'entoure s'est affinée. En tant qu'artiste, je suis fascinée par la force de l'inconscient et par la puissance de l'imaginaire. Toutes ces expériences colorent, orchestrent, produisent une imagerie, parfois à notre insu. Elles demeurent toujours en lien étroit avec notre affectif, nos expériences, notre compréhension de la vie et le sens de nos actes. C'est cette projection renouvelée à chaque production qui me séduit.

Comme femme et comme artiste, est-ce que certains rôles que tu as interprétés, ont été des catalyseurs, des réponses ou ont provoqué des saisissements face à une démarche intérieure ou sociale ?

SYLVIE — Oui, l'expérience théâtrale a orienté ma compréhension du monde et de moi-même. C'est vrai qu'il y a des personnages bénéfiques et d'autres qui nous confrontent à des douleurs angoissantes. Je choisirai de parler, d'abord, de deux personnages que nous avons inventés ensemble : Mirandolina dans *La locandiera* de Goldoni, et Albertine à 30 ans, dans *Albertine, en cinq temps* de Tremblay. Ce sont des expériences opposées, mais tout aussi marquantes l'une que l'autre. Du côté de la lumière, Mirandolina était pour moi l'occasion d'exprimer ma sensualité, de l'affirmer. J'avais besoin de cet affranchissement. Ce fut pour moi extrêmement libérateur. Le théâtre devient parfois le lieu de tous les possibles. Lorsqu'on est timide, le fait de jouer une belle femme qui n'a pas froid aux yeux, qui revendique sa liberté et son pouvoir (beaucoup grâce à la traduction de Marco Micone), c'est une occasion extraordinaire de faire tomber les murs intérieurs de sa propre oppression. C'est un privilège d'être *une autre*, l'espace d'une soirée.

Albertine, à cause de la charge démesurée de sa rage, était un personnage extrêmement difficile à porter. Et malgré la beauté de cette immense pièce de Tremblay, mon propre sentiment d'oppression était sans cesse réveillé, puis accentué par celui d'Albertine et de son peuple, de notre peuple. Je me souviens d'avoir été très déprimée par cette expérience, malgré la qualité du spectacle et la perfection de la distribution. Tu te souviens, lorsque tu m'avais proposé ce rôle : j'avais pris du temps pour réfléchir. Je me demandais comment je ferais pour ne pas pleurer. Albertine n'arrive pas à pleurer et reste étouffée dans sa rage et sa colère, son impuissance et ses regrets. Je n'ai pas fait la tournée qui a suivi.

Je suis partie en Europe, faire le plein de ressources : voir du théâtre à Paris, à Avignon et à Londres. Je me suis sentie déchirée en quittant cette production, mais à ce moment de ma vie, je ne voyais pas comment continuer. Je dirais aujourd'hui qu'Albertine a mis fin à ma première vie d'actrice et que même si ce fut douloureux, c'était une étape nécessaire.

Thérèse dans la production d'*En pièces détachées* de Michel Tremblay, mise en scène par René Richard Cyr en 1994, est pour moi un souvenir extraordinaire. Thérèse est violente, elle nomme son dégoût, sa colère, ses regrets et ses frustrations. Elle hurle sa détresse, et même si elle est insupportable très souvent, c'est un personnage libérateur ! Et puis, elle tient tête à Albertine. Sa force faisait appel à ma propre force et l'amplifiait. Ce fut pour moi, je crois, le plus grand deuil de théâtre. J'ai eu beaucoup de tristesse à quitter ce puissant moteur. J'aimais me mesurer à sa violence. De la même façon, toujours avec René Richard, plus récemment, dans *L'effet des rayons gamma sur les vieux garçons,* j'ai fait l'expérience délicieuse de cette violence féminine. Avec René Richard, j'ai beaucoup de liberté et de confiance.

J'avais vingt-huit ans lorsque j'ai joué la Winnie de *Oh les beaux jours* dans la vision apocalyptique de Brigitte Haentjens.

C'était la fin du monde pour cet homme et cette femme qui n'avaient pas l'âge de mourir. C'était grand de pouvoir jouer cela, alors que ma propre mère s'enfonçait dans le cancer. Elle est morte quelques jours avant la première, et chaque soir dans mon tas de terre, je l'emmenais avec moi, je mourais un peu avec elle, avec toute la tendresse du monde. Quelques années plus tard, dans *Traces d'étoiles*, c'est mon petit frère sombrant dans la folie que j'emmenais sur scène avec moi dans les yeux de Roshana.

Toujours, les personnages ont fait écho à ma vie et à celle de ceux que j'aime. C'est ainsi que le public reçoit et vibre au même diapason. Il sent bien que c'est plus qu'une histoire qu'on lui raconte, que c'est l'histoire de notre propre vie et donc de la sienne. Je crois que c'est ce qu'il vient chercher : la véritable histoire, son histoire. C'est pourquoi, je pense, il faut aller vers ce que l'on aime, vers ceux que l'on aime, car là est la puissance de l'art : dans la vérité de l'instinct, dans l'instant. Ça n'est jamais à l'extérieur.

MARTINE — Notre plus précieux matériau est certes nous-mêmes, car il personnalise notre interprétation du monde. Il favorise l'échange et une possible reconnaissance entre l'artiste et le public. C'est cette vibration affective qui séduit, interpelle et intéresse car elle amplifie et concrétise une intimité, dévoile les secrets de l'âme, les tourments, et incarne les grands bonheurs. C'est peut-être le combat perpétuel de l'homme dans sa quête de bonheur et de liberté, la force de la vie malgré la finalité inéluctable de la mort qu'on célèbre et incarne à chaque fois. Là aussi les questions sont plus nombreuses que les réponses.

Outre l'intimité, as-tu ressenti que certains rôles étaient enrichis par ton engagement social et politique et que tu puisais au cœur de tes aspirations philosophiques et idéologiques ? Si oui, comment négocier avec la vision du metteur en scène si la mise en scène projette des idées politiques à l'encontre des tiennes ?

SYLVIE — La vision du metteur en scène n'est jamais la nôtre ou tout à fait la nôtre, mais la plupart du temps, elle est riche et agréable à partager. Car on choisit de dire oui. Oui à une parenté d'idées. Il est très libérateur effectivement de pouvoir exprimer une opinion, même si cela se fait à travers les mots d'un autre, la vision d'un autre. Nous sommes au service d'un texte qu'on choisit, de la vision d'un metteur en scène à qui l'on choisit de dire oui. Voilà notre position. Mais, sur scène, en ce qui me concerne, ce sont davantage des courants énergétiques qui me traversent. La pensée est plutôt une entrave. Les personnages font écran à notre opinion de toute façon.

En ce moment, je suis à jouer le même spectacle pendant toute une année, trois tragédies de Sophocle dirigées par Wajdi Mouawad, en Europe et chez nous. J'ai traîné dans mes valises, entre autres trésors, celui que m'a offert Françoise Faucher lorsqu'elle m'a dirigée dans *Elvire Jouvet 40* au tout début du métier : l'accès à la langue, à la pureté de la langue, à l'articulation de la pensée dans la pureté du phrasé.
Je suis riche de chacune de vos visions. Vous avez laissé en moi, la trace de votre regard, de vos exigences.
C'est la première fois que je joue à l'extérieur de mon pays, l'occasion d'un renouveau, d'expérimenter le détachement qui vient avec la pratique à long terme, d'éprouver le calme qui vient de l'expérience du temps sur le texte. C'est un

défi pour moi. Malgré ce temps que j'ai tant désiré, je vois bien qu'il me faut encore changer, tendre à encore plus de détachement et de confiance, pour peut-être, j'en rêve, entrer dans la quatrième vie, celle de la liberté.

MARTINE — Depuis quelques années, j'ai l'impression de revenir aux sources de mes aspirations artistiques. Comme si après un long parcours, à la veille de mes soixante ans, je retrouvais mon identité première, libérée de toute influence et de tout besoin de reconnaissance.

Le poétique et le politique reflètent mes préoccupations profondes. Ce sont ces modes d'expression qui inspirent ma créativité. Ils expriment par leur structure, leur rythme et leur propos, ce qui me touche dans l'humanité, en liant l'intime au collectif. C'est cette dimension du monde que je tente de mettre en scène.

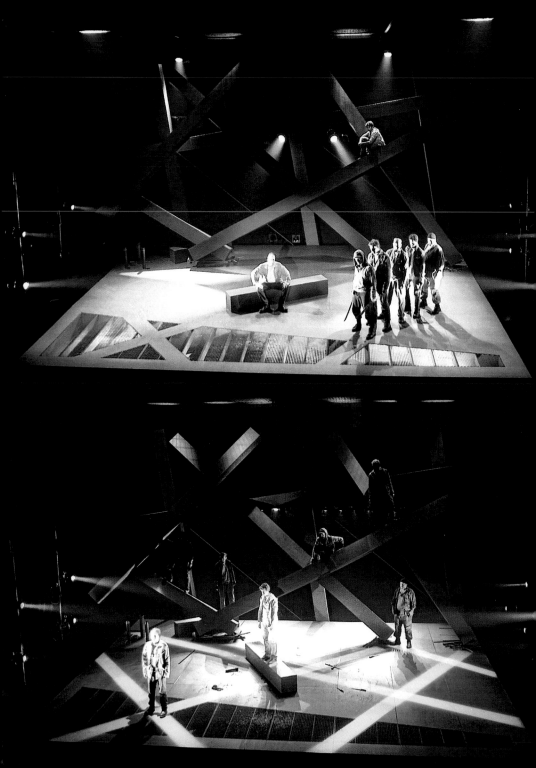

SYLVIE — Ma chère Martine, je suis reconnaissante pour ces instants bénis vécus ensemble au théâtre, pour la profondeur, et surtout pour cette humanité qui accompagne chaque instant de ta démarche, pour le respect qui teinte ton rapport aux interprètes.

MARTINE — Merci à toi aussi, Sylvie, pour ces moments de réflexion et surtout pour ces instants bénis où par ton immense talent, tu as su insuffler une poésie et une mémoire à travers tes différentes interprétations.

QUELQUES MISES EN SCÈNE DE MARTINE BEAULNE

2011-2012 ◆ *Madame de Sade* de Yukio Mishima, au Théâtre du Trident à Québec. ◆ *Cantate de guerre* de Larry Tremblay, au Théâtre d'Aujourd'hui à Montréal. ◆ Reprise de *Louis Mailloux* de Calixte Duguay et Jules Boudreau, au Carrefour de la mer, à Caraquet.

2010 ◆ *Louis Mailloux* de Calixte Duguay et Jules Boudreau, pour la Compagnie Viola Leger, à Caraquet. ◆ *Les saisons* d'Isabelle Vincent et Sylvie Drapeau, au Théâtre Espace Go.

2009 ◆ *Le déni* d'Arnold Wesker, traduction de Geneviève Lefebvre, à la Compagnie Jean Duceppe.

2008 ◆ *Soupers* de Simon Boudreault, au Festival du Jamais Lu (mise en lecture). ◆ *Toute femme* de Peter Karpati, traduction de Paul Lefebvre, au Théâtre Espace Go.

2007 ◆ *Le doute* de John Patrick Shanley, traduction de Michel Dumont, à la Compagnie Jean Duceppe.

2006 ◆ *Blue Heart* de Caryl Churchill, traduction d'Élisabeth Angel-Perez, au Théâtre Espace Go. ◆ *Fausses rumeurs* de Neil Simon, traduction de Normand Chouinard, au Théâtre des Grands Chênes.

2005 ◆ *Avaler la mer et les poissons* de Sylvie Drapeau et Isabelle Vincent, pour le Théâtre de la Manufacture, au Théâtre La Licorne. ◆ *Top Girls* de Caryl Churchill, traduction d'Élisabeth Angel-Perez, au Théâtre Espace Go. ◆ *La cité des loups* de Louise Bombardier, pour le Théâtre de l'Œil, à la Maison Théâtre. ◆ *La savetière prodigieuse* de Federico Garcia Lorca, au Théâtre du Nouveau Monde.

2004 ◆ *L'échappée belle* de Robert Lalonde, au Festival de littérature de l'Union des écrivaines et des écrivains québécois. ◆ *Urnos*, un projet pluridisciplinaire présenté à l'Usine C, pour le groupe musical La Nef. ◆ *Un carré de ciel* de Michèle Magny, au Théâtre d'Aujourd'hui.

2003 ◆ *Écrire ou le Territoire de la mémoire* de Hélène De Billy, au Studio littéraire de la Place des Arts.

2002 ◆ *L'ouvre-boîte* de Victor Lanoux, à la Compagnie Jean Duceppe.

2001 ◆ *De la couleur des mots*, lors du Festival de littérature, au Musée d'art contemporain de Montréal. ◆ *Le monument* de Colleen Wagner (*The Monument*), traduction de Carole Fréchette, pour le Théâtre de la Manufacture, au Théâtre La Licorne.

2000 ◆ *Dom Juan* de Molière, au Théâtre du Nouveau Monde. ◆ *Le monument* de Colleen Wagner, pour le CEAD et Playwright's Workshop Montreal, au Théâtre La Licorne (mise en lecture). ◆ Reprise d'*Albertine en cinq temps* de Michel Tremblay, au Théâtre Espace Go.

1999 ◆ Coréalisation avec André Melançon d'*Albertine en cinq temps*, pour la Société Radio Canada et Sogestal. ◆ *Mosaïque pour six voix accordées*, pour le Festival de Trois, à Laval. ◆ *Le vrai monde?* de Michel Tremblay, au Théâtre du Rideau Vert. ◆ *Roméo et Juliette* de Shakespeare, traduction de Normand Chaurette, au Théâtre du Nouveau Monde.

1998 ◆ *Le blues du toaster*, au Théâtre de Quat'Sous. ◆ *La nuit des rois* de Shakespeare, au Conservatoire d'art dramatique de Montréal. ◆ *Ogre* de Larry Tremblay, au Théâtre d'Aujourd'hui.

1997 ◆ *Une tache sur la lune* de Marie-Line Laplante, au Théâtre de Quat'Sous. ◆ *L'empreinte des signes*, lectures de textes asiatiques, pour l'Union des écrivaines et des écrivains québécois, à la Maison de la culture Frontenac (mise en lecture). ◆ *Les sept portes* de Botho Strauss, à l'École nationale de théâtre du Canada.

1996 ◆ *Paysage du corps* de John Guare, à l'École supérieure de théâtre de l'Université du Québec à Montréal. ◆ *Jacques et son maître* de Milan Kundera, au Théâtre les gens d'en bas, à Rimouski.

1995 ◆ *Zoé perd son temps* de Michelle Allen, pour le Théâtre de l'Œil. ◆ *Albertine en cinq temps* de Michel Tremblay, au Théâtre Espace Go. ◆ *Rosemonde* de Louis-Dominique Lavigne, pour le théâtre Les Deux Mondes. ◆ *La mégère apprivoisée* de Shakespeare, au Théâtre du Nouveau Monde. ◆ *Les années* de Cindy Lou Johnson, traduction de Maryse Warda, au Théâtre de Quat'Sous.

1994 ◆ Reprise de *La jeune fille et la mort*, d'Ariel Dorfman production du Théâtre les gens d'en bas, présentée à la Salle Fred-Barry.

1993 ◆ *La locandiera* de Goldoni, traduction de Marco Micone, au Théâtre du Nouveau Monde. ◆ *Gilmore, que vaut la vie d'un homme ?* de Pierre Legris, Théâtre les gens d'en bas. ◆ *La jeune fille et la mort* d'Ariel Dorfman, traduction de Denis LeBlond, au Théâtre les gens d'en bas, à Rimouski. ◆ *Marina, le dernier rose aux joues* de Michèle Magny, adaptation théâtrale de l'œuvre de Marina Tsvetaeva, au Théâtre d'Aujourd'hui. ◆ *Le désir sous les ormes* de Eugene O'Neill (*Desire Under the Elms*), traduction de Yves Sauvageau et Robert Ripps, pour le Théâtre populaire du Québec.

1992 ◆ *La savetière prodigieuse* de Garcia Lorca, au Département de théâtre de l'UQAM. ◆ *L'American Buffalo* de David Mamet, traduction de Pierre Legris, pour les Productions À Tour de Rôle, à Carleton. ◆ *Macbeth* de Michel Garneau, au Centre national des Arts, à Ottawa. ◆ *Les cinq nô modernes* de Yukio Mishima, traduction de Marguerite Yourcenar, au Théâtre du Rideau Vert. ◆ *Pierre ou la Consolation* de Marie Laberge, au Théâtre du Café de la Place.

1991 ◆ *Service non-compris* de Darlene Craviotto, au Théâtre de la Pulperie, à Chicoutimi. ◆ *Don Juan* d'Oscar Milosz, au Théâtre de la Veillée. ◆ *Les cinq nô modernes* de Yukio Mishima, traduction de Marguerite Yourcenar, au Centre national des Arts, à Ottawa.

1990 ◆ *L'arbre des tropiques* de Yukio Mishima, au Théâtre de la Veillée. ◆ *Clair de ville* de Vincent Beaulne, opéra pour enfants, pour les Productions Le Pipeau.

Formation : Conservatoire d'art dramatique de Montréal.

QUELQUES RÔLES DE SYLVIE DRAPEAU

2012-2011 ◆ Déjanire, Héraclès et Clytemnestre, dans *Les trachiniennes* et *Électre* de Sophocle, sous la direction de Wajdi Mouawad, en tournée pour les producteurs Au carré de l'Hypoténuse, de France, et Abé Carré Cé Carré, du Québec (spectacle : *Des femmes*). ◆ La tournée québécoise et canadienne de *La liste* de Jennifer Tremblay.

2010 ◆ Vassa dans *Vassa* de Maxime Gorki, sous la direction d'Alexandre Marine, au Théâtre du Rideau Vert. ◆ Piaf dans *Piaf* de Pam Gems, sous la direction de Jacques Rossi, au Théâtre de Rougemont. ◆ De multiples rôles dans *Et Vian! dans la gueule*, de Boris Vian, sous la direction de Carl Béchard, au Théâtre du Nouveau Monde. ◆ La femme, dans *La liste* de Jennifer Tremblay, sous la direction de Marie-Thérèse Fortin, au Théâtre d'Aujourd'hui.

2009 ◆ De multiples rôles, dans *Chambres* de Pascal Chevarie, sous la direction d'Eric Jean, au Théâtre de Quat'Sous. ◆ Blanche dans *Un tramway nommé désir* de Tennessee Williams, sous la direction d'Alexandre Marine, au Théâtre du Rideau Vert. ◆ Béatrice, dans *L'effet des rayons gamma sur les vieux garçons* de Paul Zindel, traduction de Michel Tremblay, sous la direction de René Richard Cyr, au Théâtre du Rideau Vert.

2008 ◆ Lucrezia, dans *L'impressario de Smyrne* de Carlo Goldoni, sous la direction de Carl Béchard, au Théâtre du Nouveau Monde. ◆ Gwendoline, dans *Dr Jekyll et M. Hyde*, d'après Robert Louis Stevenson, adaptation et mise en scène de Jean-Guy Legault, au Théâtre Denise-Pelletier.

2007 ◆ Marie Stuart, dans *Marie Stuart* de Friedrich Von Schiller, sous la direction d'Alexandre Marine, au Théâtre du Rideau Vert. ◆ La tournée québécoise et canadienne d'*Avaler la mer et les poissons*.

2006 ◆ Elle, dans *Reste avec moi ce soir* de Flavio de Souza, traduction de Louis-Charles Sirjacq sous la direction de Jean-Frédéric Messier, au Théâtre du Rideau Vert. ◆ Reprise d'*Avaler la mer et les poissons*.

2005 ◆ Marie Curie dans la reprise de la pièce *Les palmes de M. Shutz*, ◆ Kiki, dans *Avaler la mer et les poissons*, de Sylvie Drapeau et Isabelle Vincent, sous la direction de Martine Beaulne, au Théâtre La Licorne.

2004 ◆ La reine, dans *L'Aigle à deux têtes* de Jean Cocteau, sous la direction de Marie-Thérèse Fortin, au Théâtre Denise-Pelletier. ◆ Médée, dans *Médée* de Heiner Müller, sous la direction de Brigitte Haentjens, à l'Usine C.

2001 ◆ Lady Macbeth, dans *Macbeth* de William Shakespeare, traduction de Marie José Thériault, sous la direction de Fernand Rainville, au Théâtre du Nouveau Monde.

2000 ◆ De multiples rôles, dans *W.C.*, création de Marie Michaud et Brigitte Poupart, à l'Espace Go et en tournée québécoise.

1999 ◆ Princesse, dans *Les mains bleues* de Larry Tremblay, sous la direction de Martin Faucher, au Théâtre d'Aujourd'hui. ◆ La femme, dans *La voix humaine* de Jean Cocteau, sous la direction d'Alice Ronfard, au Théâtre Espace Go.

1998 ◆ Béatrice, dans *Nuit de chasse* de Micheline Parent, au Théâtre d'Aujourd'hui. ◆ Madeleine, dans *Les plaisirs de l'amitié* de Michel Garneau, sous la direction de Jean-Pierre Lefebvre, au Petit Théâtre de Sherbrooke. ◆ La mère et Sylvette, dans *Les quatre morts de Marie* de Carole Fréchette, sous la direction de Martin Faucher au Théâtre de la Veillée.

1997 ◆ Anaïs, dans la pièce éponyme de Jean-François Caron dans *Les huit péchés capitaux*, un collectif d'auteurs, sous la direction de René Richard Cyr et Claude Poissant, au Théâtre Espace Go. ◆ La Squaw, dans *La guerre de clochers* de Victor-Lévy Beaulieu, sous la direction de Denise Guilbault, au Théâtre de Trois-Pistoles. ◆ Reprise du *Temps d'une vie* au Théâtre du Rideau Vert.

1996 ◆ Reprise d'*Elvire Jouvet 40* pour les 40 ans du Quat'sous. ◆ Lulu, dans *Lulu* de Frank Wedekind, sous la direction de Denis Marleau, au Théâtre du Nouveau Monde. ◆ Hedda Gabler, dans *Hedda Gabler* de Henrik Ibsen, sous la direction de Lorraine Pintal, au Théâtre du Nouveau Monde.

1995 ◆ Albertine à 30 ans, dans *Albertine, en cinq temps* de Michel Tremblay, sous la direction de Martine Beaulne, au Théâtre Espace Go et à l'Usine C. ◆ Catherine, dans *Soudain l'été dernier* de Tennessee Williams, traduction de René Gingras, sous la direction de René Richard Cyr, au Théâtre Jean Duceppe.

1994 ◆ Thérèse, dans *En pièces détachées* de Michel Tremblay, sous la direction de René Richard Cyr au Théâtre du Nouveau Monde. ◆ La reprise de *Traces d'étoiles* en français et en anglais (*Brilliant Traces*), au Centre Saidye Bronfman.

1993 ◆ Mirandolina, dans *La locandiera* de Carlo Goldoni, sous la direction de Martine Beaulne, au Théâtre du Nouveau Monde et en tournée à travers le Québec. ◆ Julie, dans *Mademoiselle Julie* d'August Strindberg, sous la direction de Denise Filiatrault, au Théâtre du Rideau Vert.

1992 ◆ Rosanna, dans *Le temps d'une vie* de Roland Lepage, sous la direction de René Richard Cyr, au Théâtre de Grand-Mère. ◆ Roshanna, dans *Traces d'étoiles* de Cindy Lou Johnson, traduction de Maryse Warda, sous la direction de Pierre Bernard, au Théâtre de Quat'Sous. ◆ Bérénice, dans *Bérénice* de Racine, sous la direction de Brigitte Haentjens, au Théâtre Espace Go.

1991 ◆ Manon et Bec-de-Lièvre, dans *À toi pour toujours ta Marie-Lou*, *Sainte Carmen de la Main* et *Damnée Manon, Sacrée Sandra* de Michel Tremblay. Spectacle intitulé: *La trilogie des Brassard*, sous la direction d'André Brassard, au Théâtre d'Aujourd'hui. ◆ Marie Curie, dans *Les palmes de M. Shutz* de Jean-Noël Fenwick, sous la direction de Denise Filiatrault, dans le cadre du Festival Juste pour rire. ◆ Reprise d'*Elvire Jouvet 40*, à Montréal et à Toronto. ◆ Lumir, dans *Le pain dur* de Paul Claudel, sous la direction de Michèle Magny, au Théâtre du Rideau Vert.

1990 ◆ Winnie, dans *Oh les beaux jours* de Samuel Beckett, sous la direction de Brigitte Haentjens, au Théâtre Espace Go. ◆ Luce, dans *La répétition*, création de Dominic Champagne, à la Salle Fred-Barry.

1989 ◆ Silvia, dans *Le jeu de l'amour et du hasard* de Marivaux, sous la direction de Françoise Faucher, au Théâtre Denise-Pelletier. ◆ Ilse, dans *L'éveil du printemps* de Frank Wedekind, sous la direction de René Richard Cyr, au Théâtre de Quat'Sous. ◆ Reprise de *Du sang sur le cou du chat*, à la Salle Fred-Barry.

1988 ◆ Claudia, dans *Elvire Jouvet 40* de Brigitte Jaques, sous la direction de Françoise Faucher, au Théâtre de Quat'Sous. ◆ Marie, dans *Le cri*, d'après Woyzeck de Büchner, sous la direction de Paula de Vasconcelos, à la Salle André-Pagé. ◆ Miranda, dans *La tempête* de Shakespeare, traduction de Marie Cardinal et Alice Ronfard, sous la direction d'Alice Ronfard, au Théâtre Espace Go.

1987 ◆ Nicole, dans *Bonjour, là, bonjour* de Michel Tremblay, sous la direction de René Richard Cyr, au Théâtre du Nouveau Monde. ◆ Phébé, dans *Du sang sur le cou du chat* de Rainer Werner Fassbinder, sous la direction de Paula de Vasconcelos, à la Salle André-Pagé. ◆ De multiples personnages, dans *La visite* de Michel-Marc Bouchard, en tournée au Québec, en Acadie et en Ontario.

1986 ◆ Madame Parent-Paré, dans *Donut* de Jean-François Caron, sous la direction de René Richard Cyr, dans la cour intérieure de l'École nationale de théâtre du Canada.

Formation : École nationale de théâtre du Canada.

ÉQUIPES DE CRÉATION DES PIÈCES CITÉES

La cuisine d'Arnold Wesker • Texte français: René Dionne • Mise en scène: Guillermo de Andrea • Assistance à la mise en scène: • Décors et costumes: Paul Buissières • Accessoires: Jean-Guy Dion • Musique originale: Paul Béland • Maquillages: Jacques Lafleur • Chorégraphies: F Vili Alevizos • Interprètes: Georges Carrère, Claude Préfontaine, Gilbert Sicotte, Yvon Leroux, Hubert Gagnon, Guy Nadon, Françoise Berd, Christian Saint-Denis, Markita Boies, Jacques Allard, Marie-Andrée Corneille, Bruno Arseneault, Pierre Legris, Antoine Durand, Arlette Beaudry, Alpha Boucher, Ginette Chevalier, Jasmine Dubé, Marcel Leboeuf, Martine Beaulne, Reynald Robinson, Sylvia Bonett, Yvette Thuot, Yves Jacques • Production du Théâtre du Nouveau Monde, novembre 1985

Elvire Jouvet 40 de Brigitte Jaques • Mise en scène: Françoise Faucher • Assistance à la mise en scène: Sylvie Galarneau • Décor: Ginette Noiseux • Accessoires: Ginette Noiseux • Costumes: Ginette Noiseux • Éclairages: Michel Beaulieu • Environnement sonore: Diane Leboeuf • Maquillages et coiffures: Angelo Barsetti • Interprètes: Sylvie Drapeau, Jean Marchand, Luc Picard (et Michel Thériault en remplacement de Luc Picard certains soirs), Gary Boudreault • Production du Théâtre de Quat'Sous, septembre 1988

Oh les beaux jours de Samuel Beckett • Mise en scène: Brigitte Haentjens • Assistance à la mise en scène: Diane Fortin • Décor: Stéphane Roy • Accessoires: Marie-Agnès Reeves • Costumes: Louise Jobin • Éclairages: Michel Beaulieu • Musique originale: Jean Sauvageau • Maquillages: Jacques Lee Pelletier • Chapeaux: Danielle Therrault • Interprètes: Sylvie Drapeau et André Therrien • Production de l'Espace Go, octobre 1990

Traces d'étoiles de Cindy Lou Johnson • Traduction: Maryse Warda • Mise en scène: Pierre Bernard • Assistance à la mise en scène et régie: Roxanne Henri • Décor: Daniel Castonguay • Accessoires: Daniel Castonguay • Costumes: Meredith Caron • Éclairages: Michel Beaulieu • Musique originale: Catherine Gadouas • Maquillages: Angelo Barsetti • Interprètes: Sylvie Drapeau, Luc Picard • Production du Théâtre de Quat'Sous, mars 1992

Désir sous les ormes d'Eugene O'Neill • Traduction: Yves Sauvageau et Robert Ripps • Mise en scène: Martine Beaulne • Décor: Richard Lacroix • Costumes: Jean-Yves Cadieux • Éclairages: Jocelyn Proulx • Musique: Vincent Beaulne • Chorégraphie: Françoise Cadieux • Interprètes: Clément Cazelais, Philippe Cousineau, Michel Daigle, Nathalie Gascon, Patrick Goyette, Aubert Pallascio • Production du Théâtre populaire du Québec, 23 mars 1993

La Locandiera de Goldoni • Texte français: Marco Micone • Mise en scène: Martine Beaulne • Assistance à la mise en scène: Allain Roy • Décor: Claude Goyette • Costumes: Jean-Yves Cadieux • Éclairages: Michel Beaulieu • Musique originale: Silvy Grenier • Accessoires: Jean-Marie Guay • Maquillages: Lucille Demers • Perruques: Rachel Tremblay • Coiffures: Serge Morache • Interprètes: Sylvie Drapeau, Robert Lalonde, Normand Lévesque, Alexis Martin, Marie Michaud, Nathalie Mallette, Alain Zouvi, Benoît Brière, Silvy Grenier • Production du Théâtre du Nouveau Monde, novembre 1993

En pièces détachées de Michel Tremblay • Mise en scène de René Richard Cyr • Assistance à la mise en scène: Lou Arteau • Décor: Daniel Castonguay • Accessoires: Michèle Gagnon • Costumes: François St-Aubin • Éclairages: Alain Lortie • Musique originale: Michel Smith • Maquillages: Angelo Barsetti • Interprètes: Janine Sutto, Hélène Loiselle, Frédérique

Collin, Suzanne Marier, Christiane Proulx, Sylvie Drapeau, Marie-France Lambert, Luc Proulx, Guylaine Tremblay, Dominique Quesnel, Marie-France Marcotte, José Malette, Pascale Desrochers, Marie-Denyse Daudelin, Monique Gosselin, Marie-Josée Poirier, Danièle Lorain • Production du Théâtre du Nouveau Monde, avril 1994

Albertine, en cinq temps de Michel Tremblay • Mise en scène: Martine Beaulne • Assistance à la mise en scène: Allain Roy • Décor: Claude Goyette • Costumes: François Barbeau • Éclairages: Michel Beaulieu • Musique originale: Claude Lamothe • Maquillages: Angelo Barsetti • Perruques: Rachel Tremblay • Interprètes: Sylvie Drapeau, Élise Guilbault, Sophie Clément, Andrée Lachapelle, Monique Mercure • Production de l'Espace GO, octobre 1995

Zoé perd son temps de Michelle Allen • Mise en scène et dramaturgie: Martine Beaulne • Assistance à la mise en scène et conseiller en marionnette: André Laliberté • Décor: Richard Lacroix • Musique originale: Silvy Grenier • Éclairages: André Rioux • Marionnettistes: Jean Cummings, Anne Lapierre, Annie Le Breux, Olivier Perrier • Production du Théâtre de l'Oeil, novembre 1995

Dom Juan de Molière • Mise en scène: Martine Beaulne • Assistance à la mise en scène: Allain Roy • Décor: Danièle Lévesque • Accessoires: Jean-Marie Guay • Costumes: Mérédith Caron • Éclairages: Michel Beaulieu • Musique originale: Silvy Grenier • Chorégraphies de combat: Huy Phong Doan • Maquillages: Angelo Barsetti • Perruques: Rachel Tremblay • Interprètes: (en alternance: Alexandre Provencher, Dominic Bond et David Parent-Laliberté), Claire Gignac, David Boutin, Benoît Brière, Michel Comeau, Denys Paris, Alexandre Frenette, Isabelle Blais, Nathalie Mallette, Daniel Brière, Fanny Malette, Philippe cousineau, Philippe Lambert, Raymond Legault • Production du Théâtre du Nouveau Monde, novembre 2000

Urnos d'André Hamel, Guy Laramée, Martine Beaulne, Claire Gignac • Compositeur: André Hamel • Direction musicale: Claire Gignac • Mise en scène: Martine Beaulne • Conceptions des instruments et de l'exposition: Guy Laramée • Costumes et maquillages: Maryse Bienvenu • Éclairage: Guy Simard • Vidéographe et conception spatiale: Carole Nadeau • Chorégraphe et danseuse: Geneviève Martin • Musiciens: Jean-Luc Boudreau, Élise Guay, Claire Gignac, Goffredo Degli Esposti, Frédérike Bédard et Patrick Graham, Chroniqueur scientifique: Bernard Arcand • Production de La Nef, 2004

Top Girls de Caryl Churchill • Texte français: Anika Scherrer • Mise en scène: Martine Beaulne • Assistance à la mise en scène: Allain Roy • Dramaturgie: Michel Laporte • Décor: Claude Goyette • Accessoires: Normand Blais • Costumes: Mérédith Caron • Éclairages: Guy Simard • Musique originale: Larsen Lupin • Maquillages: François Cyr • Interprètes: Marie-France Lambert, Mireille Deyglun, Shiong-en Chan, Annick Bergeron, Lise Roy, Dominique Leduc, Ginette Chevalier, Micheline Bernard, Sophie Cadieux, Émilie Dionne • Production de l'Espace Go, avril 2005

L'Aigle à deux têtes de Jean Cocteau • Mise en scène: Marie-Thérèse Fortin • Dramaturgie: Olivier Keimed • Assistance à la mise en scène: Stéphanie Capistran-Lalonde • Décor: Christian Fontaine • Accessoires: Jeanne Lapierre • Costumes: Isabelle

Larivière • Éclairages: Éric Champoux • Musique originale: Stéphane Caron • Maquillages et coiffures: Angelo Barsetti • Perruques: Cybèle Perruques inc. • Interprètes: Sylvie Drapeau, Hugues Frenette, Robert Lalonde, Vincent Champoux, Édith Paquet, Kha Nguyen • Production du Théâtre Denise-Pelletier (2004) en coproduction avec le Théâtre de la Bordée, mars 2005

Avaler la mer et les poissons de Sylvie Drapeau et Isabelle Vincent • Mise en scène: Martine Beaulne • Assistance à la mise en scène: Allain Roy • Décor: Richard Lacroix • Accessoires: Éliane Fayad • Costumes: Mérédith Caron • Éclairages: André Rioux • Musique originale: Larsen Lupin • Maquillages: Suzanne Trépanier • Interprètes: Sylvie Drapeau, Isabelle Vincent, Daniel Gadouas, Denis Bernard • Production du Théâtre de la Manufacture, octobre 2005

Blue Heart de Caryl Churchill • Traduction: Élisabeth Angel-Perez • Mise en scène: Martine Beaulne • Assistance à la mise en scène: Allain Roy • Dramaturgie: Michel Laporte • Décor: Claude Goyette • Accessoires: Normand Blais • Conception vidéo: Yves Labelle • Costumes: Mérédith Caron • Éclairages: Martin Labrecque • Musique originale: Silvy Grenier • Conseillère aux mouvements: Francine Alepin • Maquillages: François Cyr • Interprètes: Guy Nadon, Louise Laprade, Christiane Pasquier, Marie-Ève Bertrand, Gabriel Sabourin, Élisabeth Chouvalidzé, Monique Joly, Françoise Faucher, Lili Gagnon • Production de l'Espace GO, novembre 2006

Reste avec moi ce soir de Flavio de Souza • Mise en scène Jean-Frédéric Messier • Texte français: Louis-Charles Sirjacq • Assistance à la mise en scène: Annie Beaudoin • Décor et costumes: Sharon Scott • Éclairages: Yan Lee Chan • Chorégraphie: Chantal Dauphinais • Musique originale: DJ-FM • *Fica Comigo Esta Noite*: chanson de Nelson Gonçalves – composition: Adelino Moreira • Interprètes: Sylvie Drapeau, Jean-François Casabonne • Production du Théâtre du Rideau Vert, mars 2006

Marie Stuart de Frederich Von Schiller • Traduction littérale: Marie-Elisabeth Morf • Texte français: Normand Chaurette • Mise en scène: Alexandre Marine • Assistance à la mise en scène: Maria Monakhova • Décor et accessoires: Jean Bard • Costumes: Jessica P. Chang • Éclairages: Spike Lyne • Musique originale: Dmitri Marine • Perruques: Rachel Tremblay • Interprètes: Sylvie Drapeau, Lise Roy, Catherine Bégin, Jacques Girard, Émile Proulx-Cloutier, Robert Lalonde, Vitali Makarov, Frédéric Desager, Jean-Louis Roux, Jean-François Casabonne • Production du Théâtre du Rideau Vert, septembre 2007

Toutefemme de Peter Karpati • Traduction: Paul Lefebvre en collaboration avec Tibor Egervari • Mise en scène: Martine Beaulne • Assistance à la mise en scène: Allain Roy • Dramaturgie: Michel Laporte • Décor: Richard Lacroix • Accessoires: Normand Blais • Conception vidéo: Yves Labelle • Costumes: François Aubin • Éclairages: Martin Labrecque • Musique originale: Silvy Grenier • Conseillère à la gestuelle: Esther Gaudette • Maquillages et coiffures: Florence Cornet • Perruques: Rachel Tremblay • Interprètes: Annick Bergeron, Gary Boudreault, Jean Maheux, Marc-Antoine Larche, Catherine Lavoie, Dominique Pétin, Dominique Leduc, Normand Lévesque, Monique Miller, Alex Bisping • Production de l'Espace GO, mars 2008

Dr Jekyll et M. Hyde d'après Robert Louis Stevenson • Adaptation et mise en scène : Jean-Guy Legault • Assistance à la mise en scène : Nathalie Godbout • Décor : Raymond Marius Boucher • Accessoires : Julie Deslauriers • Costumes : Fruzsina Lanyi • Éclairages : Luc Prairie • Musique originale : Larsen Lupin • Coiffures et maquillages : Florence Cornet • Perruques et postiches : Rachel Tremblay • Interprètes : Jacques Baril, Luc Bourgeois, Jean-François Casabonne, Sophie Clément, Sylvie Drapeau, Albert Millaire, Gilles Pelletier, Marcel Pomerlo • Production du Théâtre Denise-Pelletier, avril 2008

L'effet des rayons gamma sur les vieux garçons de Paul Zindel • Traduction : Michel Tremblay • Mise en scène : René Richard Cyr • Assistance à la mise en scène : Marie-Hélène Dufort • Décor : Pierre-Étienne Locas • Accessoires : Stéban Sansfaçon • Costumes : Cynthia St-Gelais • Éclairages : Lou Arteau • Musique originale : Alain Dauphinais • Maquillages : Suzanne Trépanier • Perruques : Rachel Tremblay • Interprètes : Sylvie Drapeau, Catherine de Léan, Émilie Bibeau, Geneviève Schmidt, Suzanne Marier • Production du Théâtre du Rideau Vert, mars 2009

Vassa de Maxime Gorki • Traduction : Anne-Catherine Lebeau • Mise en scène : Alexandre Marine • Assistance à la mise en scène : Maria Monakhova • Décor : Jasmine Catudal • Accessoires : Alain Jenkins • Costumes : Jessica Poirier-Chang • Éclairages : Martin Sirois • Musique originale : Dmitri Marine • Maquillages : Suzanne Trépanier • Perruques : Rachel Tremblay • Interprètes : Sylvie Drapeau, Jean-François Casabonne, Catherine De Léan, Marc Paquet, Hubert Proulx, Roger Léger, Marie Bernier, Geneviève Schmidt, Émilie Gilbert • Production du Théâtre du Rideau Vert, septembre 2010

La liste de Jennifer Tremblay • Mise en scène : Marie-Thérèse Fortin • Dramaturgie : Charlotte Farcet • Assistance à la mise en scène : Stéphanie Capistran-Lalonde • Décor : Jasmine Catudal • Accessoires : Julie Maesroch • Costumes : Isabelle Larivière • Éclairages : Claude Cournoyer • Environnement sonore : Nancy Tobin • Maquillages : Angelo Barsetti • Interprète : Sylvie Drapeau • Production du Théâtre d'Aujourd'hui, janvier 2010

Louis Mailloux de Jules Boudreau et Calixte Duguay • Direction artistique : Allain Roy • Mise en scène : Martine Beaulne • Direction musicale, arrangements et orchestration : Jean-François Mallet • Assistance à la mise en scène : Éric-Pierre Blanchard • Décor, costumes et accessoires : Luc Rondeau • Idéation, recherche et réalisation vidéo : Renée Blanchar • Éclairages : Guy Simard • Conception de la sonorisation : Daniel Petit • Conception visuelle et montage vidéo : Yves Labelle • Direction de la vidéo-projection : Pierre Laniel • Maquillages : Liette Lanteigne • Coiffures : Norma Richard • Chorégraphie des danses : Michelle Leblanc • Chorégraphie de combats : Huy Phong Doan • Interprètes : Serge Albert, Yvon Aucoin, Tanya Boudreau, Éric Butler, Raphaël Butler, Mona Chamberlain, François Doucet, Kevin Doyle, Matthieu Girard, Donat Lacroix, Renelle Levesque, Diane Losier, Frédéric Melanson, Mario Mercier, Hugues Paulin, Éric Thériault, Linda Wedge, • Musiciens sur scène : Mico, Shaun Ferguson, Marie-Andrée Gauget, Jean-François Mallet • Production de La compagnie Viola Leger, juillet 2010

Des femmes (Les trachiniennes, Antigone, Électre) de Sophocle • Texte français : Robert Davreu • Mise en scène : Wajdi Mouawad • Assistance à la mise en scène : Alain Roy • Conseil artistique : François Ismert • Scénographie : Emmanuel Clolus • Costumes :

Isabelle Larivière assistée de Cécile Recoquillon • Éclairages : Éric Champoux assisté de Éric Le Brec'h • Conception musicale : Bertrand Cantat, Bernard Falaise Pascal Humbert, Alexandre McSween • Réalisation sonore : Michel Maurer assisté d'Olivier Renet • Maquillages et coiffures : Angelo Barsetti • Interprètes : Martin Bélanger, Bertrand Cantat, Pascal Humbert (en alternance avec Benoît Lugué), Olivier Constant, Samuël Côté, Sylvie Drapeau, Charlotte Farcet, Raoul Fernandez, Patrick Le Mauff, Sara Llorca, Véronique Nordey, Marie-Ève Perron, Guillaume Perron • Production d'Au carré de l'Hypoténuse et Abé Carré Cé Carré, juin 2011

Cantate de guerre de Larry Tremblay • Mise en scène : Martine Beaulne • Assistance à la mise en scène : Stéphanie Capistran-Lalonde • Dramaturgie : Marie-Christine Lesage • Décor : Anick La Bissonnière • Collaborateur au décor : Éric Olivier Lacroix • Costumes : Daniel Fortin • Accessoires : Julie Measroch • Lumières : Claude Cournoyer • Conception musicale : Ludovic Bonnier • Maquillages et coiffures : François Cyr • Conseiller aux mouvements : Huy Phong Doan • Voix : Frédérik Bédard • Interprètes : Paul Ahmarani, Mikhaïl Ahooja, Denis Roy, Frédéric Lavallée, Abdelghafour Elaaziz, Mathieu Lepage, Philippe Racine • Production du Théâtre d'Aujourd'hui, septembre 2010.

TABLE DES PHOTOS

Page 1 : Martine Beaulne et Sylvie Drapeau • Photo : ©Suzane O'Neill

Page 10 : Martine Beaulne et Sylvie Drapeau • Photo : ©Suzane O'Neill

Page 14 : *La locandiera* de Carlo Goldoni • Normand Lévesque, Marie Michaud, Nathalie Mallette, Alexis Martin, Silvy Grenier, Sylvie Drapeau, Alain Zouvi et Robert Lalonde • Photo : ©Yves Renaud

Page 17 : Sylvie Drapeau et Jean-Yves Cadieux • Photo : ©Guy Tessier

Page 20 : Une main de Sylvie Drapeau • Photo : ©Suzane O'Neill

Page 24 : *Dr Jekyll et M. Hyde* de Robert Louis Stevenson • Luc Bourgeois, Sylvie Drapeau et Gilles Pelletier • Photo : ©Robert Etcheverry

Page 29 : *Dr Jekyll et M. Hyde* de Robert Louis Stevenson • Luc Bourgeois et Sylvie Drapeau • Photo : ©Robert Etcheverry

Pages 36 et 37 : *Marie Stuart* de Friedrich Von Schiller • Vitali Makarov, Sylvie Drapeau, Jean-François Casabonne, Frédéric Désager, Lise Roy et Robert Lalonde • Photo : ©Suzane O'Neill

Page 41 : *Elvire Jouvet 40* de Brigitte Jacques • Sylvie Drapeau et Jean Marchand • Photo : ©Christine Thibodeau

Page 56 : *L'Aigle à deux têtes* de Jean Cocteau • Hugues Frenette et Sylvie Drapeau • Photo : ©Robert Etcheverry

Page 59 : *La cuisine* d'Arnold Wesker • Martine Beaulne, Yves Jacques, Alpha Boucher, Hubert Gagnon, Ginette Chevalier, Françoise Berd, Marie-Andrée Corneille et Markita Boies • Photo : ©Robert Etcheverry

Page 61 : Sylvie Drapeau et la main d'Angelo Barsetti • Photo : ©Suzane O'Neill

Pages 64 et 65 : *Louis Mailloux* de Calixte Duguay et Jules Boudreau • Renelle Lévesque, Linda Wedge, Tanya Brideau, Diane Losier, et Mona Chamberlain • Photo : ©Yvon Cormier

Pages 72 et 73 : *Albertine, en cinq temps* de Michel Tremblay • Sylvie Drapeau, Élise Guilbault, Monique Mercure, Guylaine Tremblay, Andrée Lachapelle et Sophie Clément • Photo : ©André Panneton

Page 82 : *Avaler la mer et les poissons* de Sylvie Drapeau et Isabelle Vincent • Sylvie Drapeau et Denis Bernard • Photo : ©Yanick MacDonald

Page 84 : *Toutefemme* de Péter Kárpáti • Annick Bergeron • Photo : ©Marlène Gélineau Payette

Pages 88 et 89: ***Blue Heart*** de Caryl Churchill • Marie-Ève Bertrand, Guy Nadon et Françoise Faucher • Photo: ©Marlène Gélineau Payette

Page 92: ***Traces d'étoiles*** de Cindy Lou Johnson • Sylvie Drapeau et Luc Picard • Photo: ©Yves Richard

Page 96: Marie-Thérèse Fortin • Photo: ©Suzane O'Neill

Page 112: ***Urnos*** de Martine Beaulne, André Hamel, Claire Gignac et Guy Laramée • Geneviève Martin • Photo: ©Céline Lalonde

Page 113: Croquis: ©Maryse Bienvenu

Pages 122 et 123: ***Avaler la mer et les poissons*** de Sylvie Drapeau et Isabelle Vincent • Sylvie Drapeau et Isabelle Vincent • Photo: ©Yanick MacDonald

Page 130: ***La locandiera*** de Carlo Goldoni • Sylvie Drapeau • Photo: ©Yves Renaud

Page 134: ***Oh les beaux jours*** de Samuel Beckett • Sylvie Drapeau • Photo: ©Les Paparazzi

Page 138: ***Des femmes***, 3 pièces de Sophocle • Sylvie Drapeau en répétition • Photos: ©Jean-Louis Fernandez

Page 140: ***Cantate de guerre*** de Larry Tremblay • Paul Ahmarani, Mikail Ahooja, Denis Roy, Abdelghafour Elaaziz, Philippe Racine, Mathieu Lepage et Frédéric Lavallée • Photos: ©Anick La Bissonnière

Page 142: Martine Beaulne et Sylvie Drapeau • Photo: Archives Martine Beaulne et Sylvie Drapeau

Page 158: Martine Beaulne et Sylvie Drapeau • Photo: ©Suzane O'Neill